Le Chanoine L.-Aug. LORAIN

Autour du Congrès de Montréal

PARIS
Gabriel BEAUCHESNE et Cie, Éditeurs
Rue de Rennes, 117
ANCIENNE LIBRAIRIE DELHOMME ET BRIGUET

1911
DÉPÔT A LYON : 3, *Avenue de l'Archevêché*

Autour

du

Congrès de Montréal

Autour
du
Congrès de Montréal

PAR

Le Chanoine L.-Aug. LORAIN

PRÉLAT DE LA MAISON DE SA SAINTETÉ
ARCHIPRÊTRE DE SAINT-AMAND

PARIS
Gabriel BEAUCHESNE et Cie, Editeurs
ANCIENNE LIBRAIRIE DELHOMME ET BRIGUET
Rue de Rennes, 117

1911
DÉPOT A LYON : 3, *Avenue de l'Archevêché*

AVANT-PROPOS

Les premières pages de ce livre ont été écrites sur le navire qui m'a transporté en Amérique ; d'autres, en plus grand nombre, pendant la traversée de retour. Comme on ne manquera pas de s'en apercevoir à leur allure un peu hâtive, toutes étaient destinées à des périodiques en quête d'actualité.

Des amis ont pensé que, réunies en volume, elles pourraient offrir quelque intérêt, et j'ai cédé à leurs instances. Mais je crains bien qu'ils n'aient été trop indulgents, et je souhaite que mes lecteurs ne se montrent pas plus sévères.

L.-Aug. L.

Saint-Amand, 9 novembre 1910.

AUTOUR DU CONGRÈS DE MONTRÉAL

CHAPITRE PREMIER

UNE SEMAINE A BORD D'UN TRANSATLANTIQUE.

« La Lorraine. » — Les congressistes. — Les émigrants. — Les Américains. — Le Professeur de Princeton. — L'équipage. — Le brouillard. — Une messe à bord. — Les distractions. — L'arrivée à New York.

A M. l'abbé C. Ch.

A bord de « La Lorraine », 25 août 1910.

J'aurais bien mauvaise grâce, mon cher ami, à vous refuser les notes que vous m'avez demandées, car ce n'est vraiment pas le temps qui manque à bord d'un transatlantique. Causer, lire, dormir, et, paresseusement étendu sur sa chaise de pont, enveloppé dans une couverture, rêver dans la contemplation de l'océan infini, quelle vie de *farniente* que les jours de traversée ! Il y a des distractions, il est vrai : les repas, les concerts que trois fois par jour nous donne l'orchestre du bord, les jeux, un bateau qui passe dans le lointain, l' « Atlantique », journal du bord qu'on nous distribue chaque soir et qui nous donne les nouvelles apportées par la télégraphie sans fil, les poissons qui bondissent dans le sillage du navire, les mouettes qui planent... il nous reste encore du temps pour écrire.

Il est donc entendu que, pour vous faire plaisir, je vais « découvrir l'Amérique ». Une fois de plus ou de moins, cela ne tire pas à conséquence. Mais en attendant l'Amérique, voici au moins les Américains. Ils sont nombreux sur notre bateau, et tout à fait chez eux. « La Lorraine » est pourtant un navire bien français, que décore glorieusement l'image de notre sainte Lorraine, la Bienheureuse Jeanne d'Arc. Un bateau superbe, élégant et puissant à la fois, gracieux de structure, somptueux avec son ameublement Louis XV, filant 20 nœuds à l'heure, c'est-à-dire près de 38 kilomètres. Il est d'une stabilité parfaite ; même par une mer un peu agitée, on peut sans crainte d'accident célébrer le Saint-Sacrifice.

Les congressistes de Montréal sont peu nombreux ici ; les autres viendront par « La Provence » et surtout par le bateau canadien qui porte le Cardinal-Légat. Sur « La Lorraine « nous sommes une vingtaine seulement, mais *non numerantur* ; nous avons Mgr l'Evêque d'Angers, M. le Supérieur Général de Saint-Sulpice, avec son socius, M. Hertzog, et d'autres personnages, très réussis en costume de clergymen américains. Presque tous se sont livrés à une bonne agence de voyages, et il faut entendre déjà les regrets... Ils ont pourtant un guide de bonne composition, un M. Jaeck, qui en a vu bien d'autres dans son existence aventureuse à travers le monde. Les présentations sont vite faites, et bien amusantes quelquefois. L'un de ces personnages est allé partout : depuis le Cap Nord jusqu'à Bakou, les mers de toutes les couleurs, blanche, bleue, noire, rouge, sans compter la mer morte, ont vu flotter son panache vainqueur, mais, pauvre de moi ! c'est en vain que je lui nomme l'humble cité qui abrite mes pénates.

Il y a aussi deux groupes de religieuses, des Petites Sœurs des Pauvres et des Sœurs du Saint-Esprit, qui vont renforcer leurs maisons d'Amérique. Les autres passagers sont des touristes ou des hommes d'affaires. Je ne parle pas des passagers de 3e classe, presque tous des émigrants. Je rencontre pourtant parmi eux un bon ouvrier américain, irlandais d'origine, qui revient du pèlerinage de Lourdes. Pour les émigrants, ils appartiennent à toutes les variétés de la race blanche. Je les avais déjà rencontrés au Havre, conduits comme un troupeau par quelque agent d'émigration, hommes, femmes, enfants, portant sous leurs bras, ou sur leurs têtes, leurs pauvres nippes.

La plupart d'entre eux sont des Italiens, mais il y a aussi des Allemands, des Autrichiens, des Hongrois, des Russes, des Slovènes, et jusqu'à des Syriens ; très peu de Français. Leur propreté laisse beaucoup à désirer ; les Bosniaques, nous dit le commandant, ne se laveront pas une seule fois depuis leur départ des provinces balkaniques jusqu'à leur arrivée à New York. Arrivés là, il faut tout désinfecter : hommes, effets et locaux. Ils ne sont pas mal nourris, mais le couchage est moins confortable ; des hamacs, sans matelas, au fond du navire, à des profondeurs où l'aération doit être assez défectueuse. Pendant le jour, quand il fait beau, ils sont accroupis ou couchés pêle-mêle sur l'entrepont ; quelquefois des groupes se forment, et ceux d'entre eux qui vont là-bas exercer leur pauvre talent de musiciens donnent des concerts, après quoi ils font la quête, comme s'ils étaient dans la rue. Ils ramassent encore quelques sous. Ils n'ont d'ailleurs aucun rapport avec les passagers de cabine, et on peut très bien faire la traversée tout entière sans les apercevoir.

A leur arrivée aux Etats-Unis, on les soumet à des formalités assez minutieuses, et on leur pose une foule de questions auxquelles ils doivent répondre par écrit. Les Américains ne tiennent pas à laisser pénétrer chez eux des non-valeurs. De plus, si l'émigrant n'a pas en poche au moins dix dollars quand il arrive à New York, *no admittance*. Dix dollars, plus les 175 à 200 fr. que leur coûte le passage, je ne sais vraiment pas où ces pauvres gens prennent cela ; les compagnies d'émigration leur avancent cet argent ; elles n'y perdront rien.

Du reste, sans doute pour ne pas blesser les émigrants, on pose à tous les passagers ces questions indiscrètes : on leur demande s'ils sont polygames, anarchistes, le nom et l'adresse de leur plus proche parent, quelle est la couleur de leurs yeux, etc., etc. J'ai envie de profiter de l'occasion pour importer en Amérique le bon mot qui me revient en mémoire : « visage commun, nez comme deux », mais les droits de douane sont très élevés aux Etats-Unis, mieux vaut s'abstenir.

Les ecclésiastiques représentent presque chacun un diocèse de France : Paris, Versailles, Lyon, Autun, Verdun, Saint-Dié, Saint-Flour, etc. Il y a aussi deux prêtres brésiliens envoyés au Congrès par l'évêque de Pernambuco, et un vieux curé américain, qui revient de passer ses vacances en Europe. C'est une joie de pouvoir causer entre confrères, mais prenez garde : si vous abordez certains sujets, vous voyez aussitôt se dessiner sur les lèvres des sourires pleins de réserves qui en disent long sur l'union des catholiques français à l'heure présente. Le matin, de bonne heure, nous nous retrouvons, tous ceux au moins que le mal de mer n'incommode pas, dans le salon des premières, que l'abbé Bouquerel a transformé en chapelle. De 6 heures à 8 heures nous sommes les maîtres ici. Trois autels sont drapés, et tous peuvent dire la messe : l'évêque dit la sienne dans sa cabine. Samedi dernier, il y avait au « tableau vert » un avis en français et en anglais prévenant les passagers que le dimanche il y aurait une messe à bord. Mais c'était la première nuit de traversée, et tout le monde était plus ou moins malade. Trois ou quatre prêtres seulement purent dire la messe et les assistants n'étaient guère plus nombreux ; même les bonnes sœurs ont manqué la messe ce jour-là.

Les jours suivants, l'assistance est moins clairsemée. Je remarque un Américain de Baltimore qui fait le sacristain ; il revient de Rome, Oberammergau, Lourdes. Un vieillard est là aussi, agenouillé. Après la messe il me raconte son histoire. Il a 78 ans, il y a plus de cinquante ans qu'il est en Amérique, où il a fait une fortune convenable, dans l'industrie des conserves de fruits de mer, à Key-West, tout à fait à la pointe de la Floride, à cinq ou six heures de Cuba. Maintenant, la mort lui a enlevé le neveu qu'il avait associé à sa fortune, et, après quelques mois de séjour en France, il retourne là-bas liquider son industrie. Puis il reviendra finir ses jours en Seine-et-Marne, son pays d'origine. « Nous sommes catholiques, nous autres, ajoute-t-il, et nous pratiquons notre religion ». Hélas ! je me demande, serait-il en core catholique, s'il était resté en Seine-et-Marne ?

Le plus grand intérêt de la vie à bord c'est de faire des connaissances, non qu'elles soient toutes intéressantes, mais on peut choisir. La seule que vous ne puissiez pas choisir, c'est votre compagnon de cabine. Le mien est un pur américain, bien que d'origine écossaise et bien qu'il soit établi à Cuba. Mais c'est un Américain né : il se prétend le petit-fils d'un héros de la guerre de Sécession, le général Mac-Culloch. Il est planteur de cannes à sucre, un *sugar-man*, comme ils disent. Je ne crois pas qu'il soit possible de trouver un exemplaire d'Américain plus accompli que celui-là, l'homme qui représente au plus haut degré la force physique et l'énergie morale; membré, musclé, avec une mâchoire de dévorant, tels que devaient être les barbares nos ancêtres, lorsqu'ils envahirent les contrées latines. Il y a une différence : nos ancêtres barbares perdirent leur rudesse au mélange de la culture gallo-romaine ; l'émigrant européen, lui, ne devient américain qu'à la condition de laisser sur sa route d'envahisseur un peu de sa finesse du vieux monde, qu'il remplacera par l'énergie et l'endurance du conquérant. Ils sont quelques-uns à bord très représentatifs de cette race nouvelle, car c'est vraiment une nouvelle race, où l'élément anglo-saxon n'entre que pour une part. A les voir marcher, à les entendre causer bruyamment, toujours de bonne humeur, exubérants de vie, tout droits et sans manières, on comprend leurs succès.

Le mien non plus ne fait pas de façons ; du premier coup il *nous* met à l'aise, mais sa familiarité est de bon aloi. Il ne se confondra pas en excuses, certes, mais, sans le dire, il fera en sorte de ne pas me gêner. Le soir, il entre très tard, quand je suis couché, et il fera sa toilette de nuit, il grimpera à son étage, sans me réveiller. Le matin, il fera semblant de dormir pour que je n'aie pas à m'excuser de l'avoir dérangé. A 8 heures, il prend son bain, et je crois bien que jusqu'à 11 heures, il s'occupera de sa personne : toilette, gymnastique, etc. Le soir je le retrouve sur le pont, lisant un roman espagnol qu'il a rapporté de Saint-Sébastien où il est allé voir les courses de taureaux. Il vient de prendre ses vacances, maintenant il va se remettre aux affaires, car c'est le business-man dans toute la force du terme.

Il y a un autre exemplaire du type américain, plus rare, mais plus intéressant encore : l'Américain intellectuel. Mon voisin de table est professeur à l'Université de Princeton, M. Van Dyke. En entendant ce nom, je lui demande s'il serait le professeur Van Dyke qui l'an dernier fut envoyé par la Fondation Hyde comme conférencier américain à la Sorbonne. Ce n'est pas lui, mais c'est son frère. Le mien occupe la chaire d'histoire à Princeton, le conférencier de la Sorbonne est professeur de littérature anglaise à la même Université. Mon voisin est donc extrêmement intéressant, et comme il n'y a pas chez lui l'ombre de morgue, comme d'ailleurs il met une rare complaisance à se faire entendre de mes oreilles un peu brouillées avec l'anglais, je passe près de lui les heures les plus agréables. C'est un homme de moyenne taille, au physique délicat, à l'esprit affiné, modeste, réservé, mais au visage souriant et ouvert. Il n'a rien du business-man. Son nom indique une origine hollandaise, mais ses ancêtres étaient sans doute les premiers colons de l'Amérique du Nord, il y a trois siècles. Depuis ces temps lointains, — l'antiquité pour l'Amérique, — la civilisation a fait son œuvre.

Comme elle est intéressante cette vie des

Universités américaines ! Princeton est la troisième en date, elle vient après Yale et Harvard. Elle a conservé des traditions qui la distinguent des jeunes Universités de l'Ouest ; elle n'a pas d'étudiantes. D'ailleurs, il semble que les passions qui compliquent si douloureusement le problème de l'éducation dans notre monde latin, passions des sens, passions antireligieuses, n'existent pas en Amérique. Les jeunes gens en sont préservés par la préoccupation absorbante des affaires, des études ou des sports. Et puis, il ne viendrait pas à l'esprit d'un Américain, même franc-maçon ou athée, qu'on puisse persécuter la religion. Mon voisin me raconte l'accueil honorable que reçoivent à Princeton des prêtres catholiques. Du reste, je dois dire qu'en ce qui regarde le mélange des sexes dans les écoles, une jeune fille très pieuse, institutrice dans une école publique à Boston, et qui, après avoir passé ses vacances en Suisse, va reprendre son poste, me déclare que dans les basses classes, ce mélange n'a que des avantages.

C'est égal, je ne conseillerai pas à une jeune française de prendre les allures de certaines jeunes filles américaines que je vois ici.

M. Van Dyke a suivi les cours de l'Université de Berlin. De son temps, me dit-il, beaucoup d'étudiants américains allaient en Allemagne. Maintenant, ils vont plutôt en Angleterre, quelques-uns en France, presque personne en Allemagne. Sous certains rapports, les Universités américaines n'ont rien à envier à l'étranger. La plupart d'entre elles sont d'une richesse inouïe, qui s'augmente chaque année. A Princeton, ils ont des laboratoires de biologie, de chimie, de physique, qui ont coûté, chacun, plus de trois millions. Les grands industriels américains ne lésinent pas dans ces sortes de fondations, ils savent qu'ils y retrouveront leur profit.

A Princeton, comme, d'ailleurs, dans la plupart des Universités américaines, les étudiants ne jouissent pas de la liberté de nos étudiants français. A Princeton ils n'ont pas de nombreux collèges comme à Oxford ; c'est à l'Université, elle-même un palais, qu'ils trouvent leurs logements : une chambre à coucher et un cabinet de travail pour chacun d'eux, avec des restaurants communs. Tous les quinze jours au moins ils doivent assister à un service religieux, et deux fois par semaine à la prière en commun. Princeton, un nom célèbre dans l'histoire de l'indépendance américaine, est une petite ville de 5 à 6.000 âmes, où il n'y a place que pour l'Université. C'est ici que Washington infligea aux Anglais un échec décisif, ici que se réunit le Congrès continental, que Washington reçut les hommages reconnaissants de la nation. Un des grands bienfaiteurs de l'Université est le petit-fils du patriote qui aida de ses deniers le libérateur des Etats-Unis.

La Lorraine est sous les ordres du Commandant Maurras, cousin de Charles Maurras, de l'*Action française*. Il était lieutenant de vaisseau dans la marine de l'Etat, lorsque, après des états de service extrêmement brillants, il est entré à la Compagnie Transatlantique.

C'est un officier jeune encore, 38 ans, d'une distinction exquise et d'une grâce au-dessus de tout éloge. Devinant ma curiosité, il m'invite à lui faire visite dans ses appartements, ce n'est pas trop dire, et il me fait visiter le pont supérieur, un monde de cheminées monstres, de mouches à air, de ventilateurs, d'appareils de toute sorte, depuis la timonerie avec le pilote impassible, le gouvernail à la main, les yeux fixés sur la boussole, pendant que l'officier de quart se tient près de lui, jusqu'au poste de la télégraphie sans fil, toujours en communication, soit avec la terre, soit avec les navires qui passent dans le lointain. Il y a autre chose sur ce pont que de la machinerie ; il y a les chaloupes blanches suspendues, prêtes à prendre la mer en cas de malheur ; il y a les radeaux sur lesquels seraient jetés les naufragés, insuffisamment protégés, bien sûr, par les ceintures de sauvetage que chaque passager trouve dans sa cabine avec la manière de s'en servir ; il y a, devant la barre, à mi-mât de la grande hune, le poste de vigie dans lequel est juché, jour et nuit, le marin chargé de veiller sur notre sécurité. Tout cela est moins gai que les somptuosités des salons, mais bien fait pour nous rappeler qu'ici, comme partout, d'ailleurs, nous sommes entre les mains de Dieu.

Quelle lourde responsabilité pour le commandant ! Ce sont plus de 1300 personnes qui lui ont confié leur vie. Nous sommes 896 passagers : 239 de première classe, 143 de seconde classe et 514 de troisième classe. Mais en dehors des passagers, le personnel du navire comprend plus de 400 hommes, divisés en trois services : les marins proprement dits, environ 80, — le personnel civil, garçons, cuisiniers, boulangers, à peu près autant, — et le personnel des machines, mécaniciens, chauffeurs, soutiers qui ne sont pas moins de 250. Le commissaire du bord a la haute main sur le personnel civil, les officiers mécaniciens sur les hommes des machines, mais c'est le commandant qui est le chef suprême de toute cette armée, dont l'état-major comprend 6 officiers et une vingtaine de sous-ordres. Un des officiers importants est le médecin, M. Léné, dont le poste n'est pas toujours une sinécure. Ce serait même une grosse charge si le mal de mer était une maladie. A ces malades-là, le Docteur prodigue... des consolations. Comme il me fait compliment de ma bonne tenue au milieu de tant de « déboires », je lui avoue que j'ai une potion contre le mal de mer, ce qui l'amuse beaucoup. « Il n'y a que la foi qui sauve », me dit-il. Rira qui voudra, j'en prendrai encore au retour, de ma potion. Je ne veux pas vous donner le nom du pharmacien qui me l'a vendue, on croirait que je suis payé.

Des malades plus dangereux, ce sont les neurasthéniques. Ils sont un des gros soucis du commandant. Il arrive assez souvent qu'ils se jettent à l'eau ; la mer les attire ; et malgré les bouées lumineuses qu'on leur lance, il est difficile de les sauver. Au dernier voyage de *La Lorraine*, un riche américain s'est ainsi jeté à la mer en arrivant à New York.

En dehors de ces accidents, les dangers de la traversée ne paraissent pas bien menaçants ; ils sont certainement moins à craindre que les accidents de chemin de fer. Des bateaux comme le nôtre sont capables de défier la tempête ; un échouement à la côte est invraisemblable ; les deux grands dangers sont l'incendie et surtout les collisions. On peut dire même que la crainte d'une collision est l'unique préoccupation du commandant. Par un beau temps, certes, il n'y a rien à craindre, mais vienne le brouillard, nous entrons dans une obscurité pire que la nuit, que les plus fortes lumières sont impuissantes à percer. Et il n'y a rien à faire, car c'est une illusion de croire qu'un navire comme celui-ci puisse ralentir sa marche. La présence d'un bateau venant en sens contraire lui sera sans doute signalée par la télégraphie sans fil, mais sans grande précision, et les microphones sous-marins, qui décèlent la direction exacte d'un navire voguant sur la même ligne, sont toujours à l'état d'essai. Il faudra sans doute quelque catastrophe pour en démontrer l'efficacité. Nous en sommes encore réduits à la sirène.

Hier soir précisément, nous arrivions sur les bancs de Terre-Neuve, à la jonction du Gulf-Stream avec les courants du Nord. Bien que Terre-Neuve ait à peu près la latitude de la France, il y fait un froid intense, que produisent ces courants. Lorsque les eaux froides rencontrent les eaux chaudes du Gulf-Stream, c'est fatalement le brouillard, le *fog* tant redouté des marins. Aussi, hier soir et cette nuit, toutes les cinq minutes, la sirène faisait entendre ses mugissements, et c'était vraiment quelque chose de sinistre. Avec cela le pont était couvert d'eau, comme s'il avait plu. Adieu les délicieuses rêveries des beaux jours, dans la contemplation de l'infini, rêveries un peu mélancoliques, impressions graves, comme si l'âme était écrasée par le sentiment de l'immensité, ou bien impressions de calme, de paix religieuse, devant ce spectacle du ciel se confondant avec l'Océan ! Je comprends maintenant ces vieux pêcheurs que j'ai vus autrefois, ceux que la mer avait épargnés. Lorsque l'âge et les infirmités les forcent à la retraite, ils passeront encore leur vie sur la plage, assis sur quelque débris de bateau naufragé, des heures et des heures en face de l'Océan, sans une parole, sans un mouvement, comme s'ils ne pouvaient en détacher leurs yeux.

Au lever du jour, nous sommes sortis du brouillard. Voici la terre, un phare, bientôt un clocher, puis des hommes sur la plage, à moins d'un mille. C'est Cape-Race, Terre-Neuve, autrefois la France, maintenant encore quelque chose de la France, puisque nous y avons des pêcheries. Depuis le Havre nous avons fait plus de 2000 milles, près de 4 000 kilomètres. Il ne nous en reste plus qu'un millier à faire. Les bateaux ne vont pas en droite ligne à New York. Pour éviter les courants dangereux, ils filent d'abord droit sur Terre-Neuve, puis ils descendent de 11 degrés pour arriver au terme de leur voyage. En hiver, ils ne suivent pas la même ligne qu'en été, beaucoup pour ne point gêner les pêcheries qui représentent dans ces parages des intérêts énormes; un peu pour éviter les icebergs, très beaux à voir, paraît-il, mais quelquefois gênants pour un navire.

Ce matin, pendant que le bateau longeait Terre-Neuve, nous avons eu office pontifical. Sur un autel de missionnaire, dans le salon de lecture, Mgr d'Angers a célébré la sainte messe, assisté de MM. les Curés d'Argenteuil et de Saint-Vincent de Mâcon, revêtus de leurs insignes de chanoines. Hier soir, au « tableau vert », une affiche anglaise et française avait annoncé la cérémonie, et il y avait beaucoup de monde. L'orchestre prêtait son concours. C'était vraiment une pieuse, touchante solennité, en plein Océan, si loin de la Patrie, et si près, semblait-il, de la Patrie du Ciel. Après l'évangile, Mgr Rumeau prend la parole. Il exprime d'abord notre reconnaissance pour tous ceux qui se dévouent ici à notre service, depuis le Commandant jusqu'au dernier des matelots. Pour eux surtout, pour tous les passagers, spécialement pour ces bonnes religieuses qui ont quitté leur pays afin de porter au loin l'apostolat de leur charité, le Saint-Sacrifice est célébré. Puis, prenant occasion du Congrès de Montréal, il parle sur la sainte Eucharistie, et il commente pieusement, éloquemment, cette parole: *Magister adest, et vocat te.* Ce sera un des meilleurs souvenirs de notre traversée. Un nouvel ami que j'ai fait, un avocat de Jersey City, excellent catholique qui revient de son voyage de noces, n'a pas compris un mot du discours de l'évêque, mais il était touché jusqu'aux larmes.

Le professeur Van Dyke me raconte qu'un de ses élèves, un étudiant de Princeton qui se trouve à bord, a été ravi de la cérémonie, et que lui-même regrette beaucoup de n'y avoir pas assisté. Pour se dédommager, il a tenu à faire compliment à l'évêque. Il est certain que si l'affiche avait annoncé l'allocution de Mgr Rumeau, la plupart des passagers protestants seraient venus à la messe.

Les distractions à bord, après les longues causeries, la lecture des revues embarquées au départ ou des livres de la bibliothèque, c'est, dans l'après-midi, l'apparition du *Journal de l'Atlantique*. C'est un journal luxueux, avec de belles gravures, imprimé à New York ou à Paris, sauf la valeur d'une petite page, destinée à recevoir chaque jour les nouvelles apportées par la télégraphie sans fil, les programmes des concerts, le menu du dîner, etc. Cette page, imprimée à bord, est, on le conçoit, attendue avec impatience. C'est ainsi que nous apprenons les événements les plus importants de la journée, quand il y en a, mais il y en a si peu ! Le monde est vraiment dénué d'intérêt, vu de l'Océan Atlantique.

Nous avons d'autres ressources. Il y a le

Parisien spirituel, qui, entouré de jeunes Américains, s'amuse à leur apprendre avec un sérieux de pince-sans-rire, le français de Paris. Il a une manière de conjuguer le verbe dormir dont ils ne reviennent pas. Nous le proposons au professeur Van Dyke pour une chaire d'argot à Princeton. Mais celui-ci prétend qu'en fait de *slang*, ses élèves lui rendraient des points.

Puis nous avons les jeux. Pour les Messieurs, au fumoir, tous les jeux de salle que vous pouvez imaginer, plus un jeu de hasard auquel on perd généralement assez d'argent : les paris sur les chiffres indiquant la marche du navire. Sur le pont, nous avons, entre autres jeux, le « bull-board », littéralement « le damier du taureau », sans doute parce qu'il suffirait d'être taureau pour jouer à ces dames. Il consiste à jeter des palets de caoutchouc sur un tableau incliné, divisé en douze compartiments, en suivant un certain ordre. Comme intelligence, c'est assurément à la portée de la race bovine, mais il faut encore un certain tour de main pour y réussir.

D'ailleurs la Compagnie Transatlantique s'ingénie à distraire ses passagers. De temps en temps, le soir, les électriciens donnent des projections lumineuses. Dimanche dernier, c'était « Un voyage à Tunis » ; demain ce sera « l'Epopée Napoléonienne ». Mais le *great event* de la traversée, c'est la « soirée dansante ». Ce soir-là, vous voyez descendre à la salle à manger messieurs et dames en grande toilette de soirée. Puis, vers 9 heures, dans les salons merveilleusement illuminés, commence le concert, donné au bénéfice de l'orchestre. Nous y assistons avec l'évêque. Les artistes de passage sur le bateau se font entendre, puis, après la quête, une quête qui me paraît très fructueuse, nous nous retirons, et bientôt commence « la petite sauterie ». Pendant que sautent les passagers, le bateau, lui, stoppe, au grand émoi de cette jeunesse, qui se demande pourquoi nous allons perdre ainsi une demi-heure. Renseignements pris, c'est que l'officier de quart, voyant que nous longions la terre d'un peu près, la Nouvelle Ecosse, avait cru prudent de pratiquer un sondage.

La « French Line », c'est le nom sous lequel la Compagnie Transatlantique est connue en Amérique, ne se contente pas de distraire ses passagers ; elle leur offre encore un dîner de gala avec champagne. Ce soir-là, chaque convive trouve à sa place un riche présent qu'il emportera comme souvenir de la traversée. Du reste, les passagers à table sont traités royalement. Si les cabines étaient plus spacieuses, moins exposées à la chaleur des machines, si les navires étaient plus rapides, ce serait la première ligne du monde. Malheureusement, sous ce rapport, les lignes anglaises et allemandes lui sont supérieures ; aussi les milliardaires américains voyagent-ils surtout par les paquebots allemands. La Compagnie fait construire en ce moment un nouveau bateau, « La France », qui aura en longueur au moins cinquante mètres de plus que le nôtre et qui réalisera les derniers perfectionnements.

* *
*

Samedi 27 août. — Voici Sandy Hook, l'entrée du port de New York. Il est midi, c'est-à-dire 5 heures du soir à Bourges. Nous devrions déjà être arrivés, mais la grève des charbonniers du Havre nous a fait perdre une demi-journée. Heureusement nous avons eu très beau temps ; tous les jours nous avons pu dire la messe. *Deo gratias !* Je demande pour le retour une traversée aussi belle que celle-ci. Alors j'aurai le temps d'écrire encore, car « si cette histoire vous amuse », comme on dit dans « le petit navire », nous recommencerons. M. Perrichon a fait des élèves, et j'ai mon registre en partie double. *Adieu, France, reine des Nations !*

CHAPITRE II

UN COUVENT AMÉRICAIN

L'entrée à New York. — « La Liberté éclairant le monde ». — Les « sky scrapers ». — Clergymen américains. — Le « Bon-Pasteur ». — La « Gerry Society ». — Les « classes ». — La musique au couvent. — Visite à Brooklyn. — Cosmopolis. — Coney Island.

La première chose qui s'offre aux yeux du voyageur en pénétrant dans la baie de New York, ce sont naturellement les *sky scrapers*, les gratte-ciel, ces gigantesques bâtisses — généralement cela ne mérite pas d'autre nom — que tout le monde connaît, au moins par la gravure. Je ne parle pas de la fameuse statue de « La Liberté éclairant le monde » qui s'élève à l'entrée du port.

Décidément ce n'est pas un chef-d'œuvre, et on eût mieux fait de la laisser éclairer la France. Elle est disproportionnée ; pas assez élancée pour sa corpulence de maritorne; il lui faudrait 2 mètres de plus. Il lui faudrait en outre un piédestal qui la fît ressortir, plus large à la base et moins élevé. Heureusement l'art français possède à New York d'autres œuvres que celle-là. Le port de New York, ces deux rivières larges toutes deux et profondes comme des bras de mer, qui enserrent la ville, et une fois réunies, forment une baie dans laquelle des milliers de vaisseaux pourraient danser à l'aise, serait un des spectacles les plus beaux du monde, si les Américains avaient quelque souci de l'esthétique. Mais l'esthétique ne *paye* pas, et ici, il faut gagner de l'argent.

Les gratte-ciel n'ont rien à voir avec l'art. New York est une presqu'île très longue, 26 kilomètres environ, mais dont la largeur ne dépasse pas en moyenne 2 kilomètres. L'espace qui leur manquait, les Américains l'ont trouvé dans l'air. Les maisons de 20 à 50 étages ne sont pas d'une construction si extraordinaire qu'elles paraissent au premier coup d'œil. Le spectateur n'aperçoit que la pierre, la brique, le marbre, et il se demande comment ces édifices, qui ressemblent à des châteaux de cartes, peuvent tenir debout. Mais voyez les constructeurs à l'œuvre. La pierre n'est qu'un décor ; l'armature est en fer. Sur de solides fondations, on élève une monstrueuse carcasse de fer, et une fois ce travail achevé, on applique à cette charpente métallique le revêtement de pierre. Aussi les maçons peuvent-ils commencer leur travail par les étages supérieurs et terminer par le rez-de-chaussée, qui, pendant la construction, sert de chantier.

Avec un peu de goût, on parvient cependant à donner à ces édifices une forme qui ne manque pas d'élégance. Tel est le cas de certaines constructious dont les différentes parties varientde hauteur, ou qui sont surmontées d'une coupole, dominées par une tour. Une des curiosités de New York, et pas disgracieuse, c'est le palais de la *Compagnie Métropolitaine d'assurances*, avec sa tour de 50 étages, du haut de laquelle on domine toute la ville. Ces bâtiments, comme on le pense bien, ne sont pas des maisons d'habitation. Ce sont des magasins, ou, le plus souvent, des banques, des bureaux de toutes sortes. A l'intérieur, un hall luxueux bordé de nombreux comptoirs; puis des ascenseurs par douzaines, et, à tous les étages, des bureaux. Il y en a des centaines, et les plaques qui, au rez-de-chaussée, portent les noms des maisons de commerce qui ont ici leur siège, des agents, hommes de loi, dont les études se trouvent ici rassemblées, constituent un véritable catalogue. Une armée d'employés travaillent là, et lorsqu'ils sortent le soir, à 5 heures, c'est comme une fourmilière. Il paraît que les compagnies financières qui bâtissent ces édifices font un excellent placement de leurs capitaux.

Lorsqu'on visite, moyennant finances, le palais de la *Metropolitan Insurance*, on vous remet un album où je trouve ces chiffres, de nature à vous intéresser. L'édifice couvre une superficie de 6 hectares environ ; le hall central a 130 mètres de long ; la tour a 230 mètres de haut ; elle ressemble vaguement au Campanile de Venise. Les timbres de l'horloge pèsent respectivement 7.000, 3.000, 2.000 et 1.500 livres. Il a été employé dans la construction 35 millions de briques, 40.000 barils de ciment, 556.000 pieds cubes de marbre. Il y a 48 ascenseurs ; les corridors intérieurs ont une longueur totale de 6 kilomètres ; les réservoirs d'eau ont une capacité de 400 hectolitres ; les machines développent une force de 3.350 chevaux-vapeur, sans qu'on aperçoive ni machines, ni fumée ; les tuyaux ont ensemble une longueur de 20 kilomètres ; il y a 30.000 lampes électriques, etc., etc...

Nous voici arrivés au dock de la Compagnie Transatlantique. Pendant que le bateau accoste, des voix françaises nous interpellent. Ce sont des ecclésiastiques venus au devant de leurs amis. S'ils n'avaient pas le collet romain on pourrait s'y méprendre. Le costume ecclésiastique aux Etats-Unis est bien simplifié. La soutanelle n'est plus en usage: un simple veston, pas toujours noir, et en été, le chapeau de paille, pas noir comme vous pourriez le croire, mais le vrai panama, ou même, pour les jeunes, le canotier. Et ce n'est pas une mince surprise, pour nous autres français, de voir de graves religieux ainsi vêtus. Que les âmes pieuses ne se scandalisent pas. L'habit ne fait pas le moine, et le clergé américain, malgré son costume, est très respecté et très pieux. Les PP. du Saint-Sacrement me disent qu'ils ne comptent pas moins de 8.000 prêtres adorateurs aux Etats-Unis.

Qui donc a prétendu que les Américains ne sont pas hospitaliers ? Je me disposais à partir pour l'hôtel avec le groupe Jaeck lorsque je me vois abordé par un prêtre aux formes graves et aimables, qui m'offre l'hospitalité. C'est le P. McKenna, aumônier du Bon-Pasteur. Il va recevoir l'évêque d'Angers, il ne parle pas le français, et il n'y a dans toute sa communauté, qu'une seule religieuse, une Canadienne, qui connaisse notre langue. Comme j'hésite à accepter, par discrétion, voilà-t-il pas que mon excellent américain s'imagine que ce qui me retient, c'est la crainte de n'être pas assez bien logé. Aussi me vante-t-il le confort de son *Rectory*. — « Vous aurez une belle chambre, me dit-il, puis une chambre à coucher, une salle de bain. » — Je me confonds en excuses ; c'est entendu, je serai son hôte. Une course à la poste m'empêche de l'accompagner, mais j'ai son adresse, je *chèque* mon bagage, et me voilà dans la rue.

Le chèque joue un grand rôle dans la vie pratique américaine. Ce n'est pas seulement le bout de papier contre lequel on vous remettra une somme d'argent, c'est votre bulletin de bagages, c'est votre jeton de vestiaire, c'est tout ce qui vous fera reconnaître comme le propriétaire d'un objet quelconque. Vous voulez expédier votre valise : pas besoin de peser, ni d'écrire, ni de payer quoi que ce soit. C'est d'une simplicité remarquable. L'employé prend un carton divisé en deux parties portant chacune les mêmes indications ; il le casse par moitié, vous en remet une, et attache l'autre, qui est munie de ficelles, à votre bagage. Arrivé à destination, vous n'avez qu'à montrer votre chèque, et le bagage vous est délivré. Il en est de même lorsque vous arrivez dans une ville, et que nous ne voulez pas vous charger d'impedimenta. Le seul ennui est que, si le train est trop chargé, votre bagage pourrait bien ne pas voyager avec vous ; mais il paraît que c'est tout à fait exceptionnel.

Avec les *sky scrapers*, une chose qui vous frappe aussi en Amérique, et douloureusement, c'est que l'argent n'a pas la même valeur que chez nous. Je m'en aperçois bientôt. Pour faire une course, je veux prendre un fiacre. — « Combien me *chargerez*-vous pour aller à la poste ? » — « 3 dollars. » — « Mais à Paris, cela ne coûterait pas 3 francs ». — « Possible, seulement vos ouvriers ne gagnent que 3 francs, alors que les nôtres en gagnent 15 ». — Ne prenez pas de fiacres en Amérique ; c'est ruineux. J'ai constaté qu'un taxi-auto ne coûte guère moins de 20 francs l'heure. On rencontre pourtant des cochers qui ne vous « chargent » pas trop. Un matin je prends un cocher pour me conduire à la cathédrale, et je fais mon prix avec lui, car ils n'ont qu'un vague tarif, dans lequel, seul, un New-Yorker pourrait se reconnaître. Mais mon homme est catholique, il porte à sa boutonnière l'insigne en émail de la Confrérie du Sacré-Cœur. Arrivé à destination. il me rabat 25 sous en me disant : « Père, priez pour moi. » Mais les Américains usent fort peu de voitures. Ils ont les tramways, très nombreux, les chars comme ils disent ; ils ont surtout à New-York, leurs quatre lignes d'*Elevated*, ces chemins de fer aériens. une honte au point de vue esthétique, mais si commodes : puis les chemins de fer souterrains. En demandant, on trouve encore son chemin. Il y a des agents de police, aussi bienveillants qu'ils sont énormes, — on ne prend que des géants, — et dont beaucoup sont catholiques et vous appellent « Père » ; il y a les voisins, dont, à leurs politesses, on reconnaît la foi catholique. Mon hôte demeure très loin, à la 90° rue, mais à l'heure du dîner, j'étais rendu chez lui.

Il ne m'avait pas surfait le confort de son Rectory (presbytère). Un appartement comme celui-là m'aurait coûté gros dans un hôtel de New York. Mais ce qui vaut mieux que le confort, c'est l'accueil extrêmement aimable que je trouve ici, c'est l'hospitalité avec tous ses charmes ; — il semble qu'on rend service en l'acceptant ; — c'est surtout la conversation si instructive de mon hôte. Le P. McKenna parle très distinctement, de sorte que je ne perds pas un mot de ce qu'il dit. C'est une fortune inouïe que cette rencontre. Ne connaissant personne à New York je n'aurais rien vu que les dehors, les façades, les magasins, la foule affairée ; et surtout je n'aurais rien appris. N'allez pas en Amérique si vous n'y avez pas des amis pour vous recevoir. Il y a sans doute les touristes, et les agences Cook, Lubin et Junot se chargent volontiers de les diriger, mais à part le côté extérieur de la vie américaine, à part le charme des rencontres, de la vie commune entre Français loin de la patrie, ce qu'il y a de plus intéressant, les études des mœurs, des conditions religieuses, politiques, sociales, du pays ; le *home*, la vie intime de ce peuple ; tout cela est pour eux un livre fermé.

Le monastère du Bon-Pasteur où nous sommes est un établissement très important, dont peu de couvents en France, je crois, pourraient donner une idée. Il donne asile à 800 personnes environ, dont une centaine de Religieuses. Toutes les jeunes filles qu'il reçoit sont des pénitentes, dont quelques-unes sont envoyées là par leurs familles ; d'autres viennent d'elles-mêmes ; mais la plupart d'entre elles sont enfermées par la police. On ne le dirait pas à les voir. L'esprit est excellent et, sauf de rares exceptions, toutes obéissent docilement à la direction des bonnes religieuses. A les considérer dans les cours ou dans les ateliers, on dirait d'innocentes pensionnaires. Rien ne ressemble moins à une prison que cette maison. Le monastère de New York date d'une cinquantaine d'années. Comme toutes les fondations du Bon-Pasteur, son histoire a quelque chose de surnaturel, tellement la divine Providence y dévoile sa continuelle intervention. L'instrument principal de cette fondation fut une protestante, qui était alors présidente d'une société de patronage des prisons de femmes, Miss Foster. Persuadée que l'œuvre des prisons resterait frappée de stérilité tant qu'il n'y aurait pas à New York un refuge pour recevoir les prisonnières libérées, persuadée d'autre part que des geôlières étaient peu qualifiées pour moraliser les pauvres victimes que le vice et l'ivrognerie leur amenaient, elle avait conçu une grande admiration pour le Bon-Pasteur, et ce fut elle qui, par ses instances, emporta l'assentiment de l'archevêque de New York.

Après elle d'autres protestants ont souvent rendu à l'œuvre les témoignages les plus flatteurs, comme, par exemple, l'Hon. Elbridge Gerry, le fondateur de la *Gerry Society* pour la protection de l'enfance. C'est lui qui devant les tribunaux disait aux juges : « Avant de condamner cette jeune fille, envoyez-la au Bon-Pasteur. Si elle résiste à l'influence maternelle des Sœurs, c'est qu'elle est irrémédiablement perdue. C'est lui encore qui disait en parlant du secours que la Gerry Society alloue chaque année au couvent : « Si je le pouvais, je voudrais allouer deux fois cette somme au Bon-Pasteur, car c'est une de nos plus magnifiques institutions ».

Mais dans cet ordre d'idées, le fait le plus touchant est peut-être celui-ci : Une protestante, attachée à l'un des grands hôpitaux de New York, avait reçu dans son service une jeune fille qui avait passé par le Bon Pasteur. Elle fut tellement frappée des souvenirs que cette pauvre infortunée avait gardés du Refuge, les sentiments de piété et de résignation dans lesquels la malade mourut l'impressionnèrent si vivement, que peu de temps après, elle allait elle-même frapper à la porte du Bon-Pasteur, devenait catholique et entrait au noviciat.

A plusieurs reprises la ville et l'Etat de New York allouèrent des sommes importantes au Bon-Pasteur pour contribuer à la construction des bâtiments. Cette sympathie officielle n'a pas diminué ; le président Roosevelt, lorsqu'il était Préfet de Police de New York, était un grand ami du couvent.

Comme dans tous les couvents du Bon Pasteur, les pénitentes sont ici divisées en 3 classes : Saint-Joseph pour les plus jeunes, des enfants plus victimes que coupables ; Sainte-Marie et Saint-Michel. Il n'y a pas ici de préservées, — elles sont envoyées dans un autre couvent à la campagne, — ni de Sœurs *Madeleines*, ces pénitentes héroïques ; leur communauté est à Brooklyn.

Sur la prière des enfants de la classe Saint-Joseph, en ce moment en récréation, l'évêque a dû descendre dans les cours et leur adresser la parole. Il y a parmi elles beaucoup de juives et de protestantes, mais elles suivent toutes le même règlement. Le rabbin vient régulièrement catéchiser ses brebis égarées ; les ministres protestants laissent ce soin aux Sœurs. D'ailleurs il n'y a pas là que des Américaines. Je crois bien que la colonie italienne fournit un grand nombre de ces pauvres enfants.

Les Associations pour la protection de l'enfance, comme la Gerry Society, dont le titre officiel est : *Society for the prevention of cruelty to children*, jouent ici un rôle très bienfaisant. Ces institutions, qui possèdent à New York un palais, le *United Charities Building*, jouissent d'une influence considérable. Elle ont à leur service toute une armée de dames patronnesses dont la mission consiste à parcourir les quartiers populeux, à pénétrer dans les taudis des miséreux et à préserver les enfants de la cruauté matérielle et morale — plutôt immorale — des parents. Devant les tribunaux, les *juvenile courts* en particulier, leur témoignage n'est pas discuté. Lorsque la conduite d'une jeune fille paraît suspecte, l'Association intervient auprès des parents au même titre et avec plus d'autorité que la police. Si la famille est impuissante à remplir ses devoirs, ou, — ce qui hélas ! n'est pas rare dans ces milieux dégradés — si la famille elle-même pousse l'enfant au mal, l'Association porte directement l'affaire devant le *Magistrat*, un fonctionnaire de quartier qui tient du maire et du juge, et la jeune fille est envoyée au Bon-Pasteur, ou dans quelque autre refuge de ce genre. Ce sont ces enfants qui constituent la classe Saint-Joseph. Elles y restent jusqu'à leur majorité. Toutefois, la Supérieure est autorisée à rendre à la liberté celles qui se distinguent par leur conduite exemplaire et qui peuvent être soustraites aux dangers de la rue. Quelques pénitentes ainsi libérées préfèrent rester dans la maison, et y restent en effet, de leur propre gré, quelquefois toute leur vie. Mais elles ne s'engagent que pour un an. Ce sont des *volontaires*, et plus tard des *consacrées*. Elles portent un costume spécial, notamment un bonnet étrange qui, à lui seul, suffirait pour leur faire produire des actes très méritoires d'humilité.

Il ne faut pas confondre ces *consacrées* avec les *Madeleines*, qui forment, comme on sait, une véritable congrégation religieuse.

La maison vit de fondations, de contributions volontaires, du travail des enfants, et des subsides, 2 dollars 1/2 par semaine, alloués par la ville ou l'Etat de New York, pour chaque enfant détenue administrativement.

Les travaux sont principalement le blanchissage et la lingerie. Mais tout se fait au moyen d'une machinerie très perfectionnée. Une sorte d'usine, le *power house*, avec sa haute cheminée, est cachée à l'arrière de la maison et fournit l'énergie nécessaire pour produire la lumière, la chaleur, la force motrice, la glace, et je ne sais quoi encore. C'est un spectacle curieux que ces immenses ateliers, avec des centaines de machines à coudre actionnées par une force invisible qu'une enfant lance, retient ou arrête à volonté. Ce qu'il y a de plus curieux encore, c'est la blanchisserie. Cela se fait au troisième ou au quatrième étage. Il y a là des machines qui lessivent le linge, le lavent, le sèchent, le repassent, sans rien qui offense la vue ou l'odorat. Le jour où j'allais partir, la sœur hospitalière me demande si je n'ai pas du linge à blanchir. — « Mais, ma sœur, je pars ce soir ! » — « Ne vous inquiétez pas, dans l'espace d'une heure, votre linge sera prêt. » — Je crus tout d'abord que c'était une gageure ; toujours est-il qu'une heure après, mon linge, blanc comme neige, m'était rapporté.

Comme on peut bien penser, il fallut que l'évêque d'Angers, supérieur de la Congrégation du Bon-Pasteur, visitât les différentes classes. Ce fut très intéressant. Il fut reçu au son de toutes les musiques. Et les musiques, dans toutes les classes, se composent d'un piano, de tambours, de castagnettes et de guitares. Les musiciennes sont rangées autour du piano, les unes tenant leurs guitares sur les genoux, les autres portant le tambour en bandoulière ; c'est d'un naïf comique, mais si touchant !

Dans une classe, une grande jeune fille chante un cantique français : *Le ciel a visité la terre !* Celle-là parle français. On me raconte que c'est la fille d'un médecin de New York très connu. Elle a reçu une excellente éducation, mais sa conduite laissait tellement à désirer que son père l'a fait enfermer. Ici, c'est une jeune fille modèle. Une fois elle a été relâchée ; il a fallu la ramener. Du reste, elle se trouve très heureuse au Bon-Pasteur. Elle est protestante, et son père fait des vœux pour qu'elle devienne catholique. L'évêque termine sa visite en adressant aux enfants un petit discours traduit par la sœur canadienne ; il donne le « Dieu soit béni », c'est-à-dire une récréation supplémentaire, et toutes défilent pour baiser son anneau pastoral, juives, protestantes, blanches, noires — car il y a des négresses — sans distinction.

Ce qu'il y a de plus beau dans la maison, c'est la chapelle. Là, ce n'est pas seulement du confort, c'est de la somptuosité. Ornements, vases sacrés, autel, décoration, éclairage électrique, tout est riche et de bon goût. Que nous sommes loin de nos pauvres couvents français !

Ce monastère du Bon-Pasteur n'est pas le seul à New York. Il y en a un autre, à

Brooklyn, très loin, un monastère presque aussi vaste, et tout aussi bien organisé que celui de la 90e rue. Il y a là une nombreuse communauté de Sœurs Madeleines. La maison est confiée aux bons soins des Pères de la Miséricorde, qui ont dans ce quartier une paroisse très florissante. Ils viennent de bâtir une belle église, sous le vocable de N. D. de Lourdes ; elle n'a pas coûté moins de 1.500.000 francs. L'aumônier du Bon-Pasteur parle français ; il a passé plusieurs années en Belgique, mais son supérieur n'en sait pas un mot. Il est pourtant venu en France, une fois dans sa vie, et il n'a pas envie d'y revenir. Il faut l'entendre raconter ses aventures à Paris, un soir qu'il cherchait la gare du Nord. Il s'adressait bien aux magasins où il voyait l'indication : *English spoken*, mais avec cet *english*-là, il n'y avait pas moyen de s'entendre, et quand il s'adressait aux passants, le brave homme prononçait si drôlement ces mots « Gare du

Nord », que personne ne le comprenait. Que ne prenait-il des leçons du Professeur Knatschke ! Lui, au moins, donnait la prononciation figurée des mots français : Gare de l'Est, prononcez : Kar d'laest. De guerre lasse, le pauvre Père dut manquer son train et retourner à l'hôtel.

Le jour de notre visite à Brooklyn avait été un jour très chargé. Le matin, nous avions fait une longue course, passant d'abord dans les quartiers aristocratiques, puis descendant vers la vieille ville, le quartier des magasins, des banques, des affaires, visitant les rues habitées par les Juifs, les Syriens, les Grecs, les Orientaux de toute langue, des ghettos pleins d'activité, peuplés de têtes bizarres qui deviendront peut-être des têtes américaines dans quelques générations, mais qui, en attendant, conservent bien leurs types caractéristiques et leurs langues. Tout ce monde-là parle un anglais quelconque, mais entre eux, ils parlent leur propre idiome. Toutes les enseignes sont en hébreu, ou en grec ; les affiches de théâtre, les réclames, les annonces, en hébreu ; les journaux, en hébreu. Il paraît, du reste, que c'est surtout de l'allemand habillé d'hébreu. Mais je crois qu'il faut venir à New York pour se trouver, en tramway, à côté d'un monsieur qui lit son journal imprimé en caractères sémitiques. Les Grecs ont aussi leurs journaux, et les Slaves, et les Polonais. Je ne parle pas des Italiens, ni des Allemands, dont les journaux atteignent un gros tirage. Du reste, je ne sais pas quel idiome n'a pas son journal à New York.

Il faut dire qu'il n'y a pas une ville au monde qui contienne autant d'étrangers que celle-ci. Il n'y a pas moins de 900.000 Juifs, 700.000 Italiens, des Allemands, des Polonais, des Slaves par centaines de mille. Ils ont des églises à eux, des prêtres de leur langue, des écoles où l'enseignement se donne dans leur idiome national.

Brooklyn, c'est New York débordant. La grande cité qui étouffe entre les rives des deux fleuves, ne peut s'étendre que de ce côté, à l'est ; l'ouest ne lui appartient pas. Sur la rive droite de l'Hudson, c'est Jersey City, ûne ville immense également, mais qui appartient à un autre Etat : le New Jersey. Brooklyn n'a pas moins de 2 millions d'habitants, des émigrés, qui dans une ou deux générations seront de parfaits américains. Un matin, je m'arrête à la boutique d'un Italien, un Calabrais, et lui montrant son fils, un grand garçon de 15 ans : « Lui aussi est italien ? » — « Eh ! non, monsieur, me répond-il avec un soupir, il est déjà américain. » — Les enfants qui vont aux écoles publiques n'entendent et ne parlent que l'anglais en dehors de la famille ; la langue et la patrie seront vite oubliées. D'ailleurs, le père s'est fait naturaliser, afin d'être *american citizen*, et de pouvoir voter. Heureux encore, si, en perdant leur nationalité, ils ne perdent pas la foi ! Le nombre est assez grand de ces enfants qui, appartenant à des familles indifférentes, suivent leurs petits camarades au temple protestant après les avoir suivis à l'école. Du reste, ces Italiens ont peu de religion ; beaucoup d'entre eux sont le scandale, non seulement des catholiques, mais aussi des protestants. Ceux-ci ne comprennent pas que, dans un pays où se trouve le siège de la catholicité, on soit aussi peu catholique.

Notre visite à Brooklyn s'achève par une randonnée dans le parc, peuplé de monuments et de villas, qui s'étend le long de la côte. C'est une promenade un peu longue, mais pleine d'intérêt. Pour les New-Yorkers, la grande attraction de cette côte, c'est Coney Island, la plus colossale, la plus fantastique kermesse qu'il soit possible de voir.

Tout ce que l'imagination a pu inventer de jeux, d'attractions, de carrousels, de grandes roues, de montagnes russes, de music-halls, avec les décors les plus extravagants, enluminures monstrueuses, paillettes, verroteries, glaces se reflétant à l'infini, avec tous les bruits les plus assourdissants, orchestrions, cloches, sirènes, tout est là. Et le dimanche, et tous les soirs, quand l'électricité envoie sur cette foire gigantesque ses feux par milliers, c'est un étourdissement et un éblouissement. Hélas ! il paraît que la tempérance et la morale n'y sont pas toujours respectées. De temps en temps l'opinion s'émeut ; précisément, ces jours-ci, certains agents de police trop complaisants ont été rétrogradés et déplacés ; mais le nouveau commissaire est énergique ; il déclare dans les journaux qu'il va rendre Coney Island « aussi propre qu'une église ».

L'aumônier nous raconte que, la saison finie, un grand nombre des pauvres jeunes filles, — des Italiennes toujours, — qui figurent dans ces établissements, deviendront ses pensionnaires.

« La cigale ayant chanté
Tout l'été, »

elle vient frapper à la porte du Bon-Pasteur.

CHAPITRE III

LES CATHOLIQUES A NEW YORK

Les Œuvres catholiques. — Une école primaire. — Un tour en ville. — Saint-Patrick Cathedral. — Tammany Hall. — Une entrevue manquée. — Un évêque missionnaire. — L'église française. — La rue Saint-Sulpice à New York. — Un hôtel de voyageurs. — L'apostolat dans la rue. — La Bourse.

Les PP. du Saint-Sacrement ont, non loin du Bon-Pasteur, une chapelle très fréquentée, où la Sainte-Hostie est exposée en permanence, et qu'ils vont remplacer bientôt par une belle église. Ils nous reçoivent à dîner et nous entretiennent de leurs œuvres. Ici tout le monde parle français; sauf un Père originaire de Saint-Gall, tous les autres sont Canadiens. Leur église n'a pas de juridiction territoriale, ce n'est pas une paroisse; cependant, en vertu d'un usage en vigueur à New York, ils jouissent des droits paroissiaux à l'égard de tous les fidèles qui ont chez eux un banc ou une place attitrée et payée. Il en est de même dans toutes les églises de New York. C'est ainsi que la Cathédrale, par exemple, compte un bon nombre de paroissiens qui habitent sur le territoire d'une autre paroisse. En général, sauf la Cathédrale, sauf certaines églises de quartiers aristocratiques, entre autres une église des PP. Jésuites qui se trouve entre Madison et Lexington Avenue, les églises sont peu remarquables. On cherche avant tout à gagner de l'espace, et les bas côtés sont surmontés de galeries où s'entassent les fidèles que la nef intérieure ne peut pas recevoir. Avant d'embellir les églises, il faut construire et faire vivre les écoles. Chaque église doit avoir une école paroissiale. Il y a à New York 163 écoles paroissiales gratuites, avec 130.000 élèves. L'école publique n'a pas comme chez nous un caractère antireligieux, les maîtres sont généralement de bons chrétiens, et beaucoup d'entre eux d'excellents catholiques, cependant l'atmosphère de neutralité à laquelle les écoles publiques sont condamnées développe chez les enfants l'esprit d'indifférence.

Les protestants, qui tout d'abord se contentaient de l'école publique, reconnaissent aujourd'hui l'influence néfaste qu'elle a exercée sur leurs coreligionnaires. Dans les sphères protestantes l'indifférentisme a fait des progrès énormes ; officiellement les protestants sont l'immense majorité de la nation, en fait il n'y a plus guère qu'une minorité infime de protestants pratiquant leur religion. A New York, cette décadence se fait particulièrement sentir ; dans la partie basse de la ville, ils ont dû abandonner plusieurs temples, devenus absolument déserts, que les catholiques ont achetés et transformés en églises.

En dehors de l'école paroissiale, les œuvres catholiques se résument dans les *Sunday schools* (écoles dominicales), qui ne sont guère autre chose que des catéchismes de persévérance, et les sodalités, associations de piété dans lesquelles on s'efforce d'enrégimenter toute la paroisse : associations des Saints-Anges et de Saint-Louis de Gonzague pour les écoliers, de la Sainte-Vierge et du Sacré-Cœur pour les jeunes gens et les jeunes filles, du Saint-Nom et de Sainte-Anne pour les personnes mariées, etc. Je ne parle pas des Conférences de Saint-Vincent de Paul, très florissantes à New York, des Chevaliers de Christophe Colomb (Knights of Colombus) une sorte de franc-maçonnerie catholique très curieuse à étudier. Les Cercles, Patronages et autres œuvres de ce genre, sont peu répandus. Le *home* est bon encore, il est chrétien, disent les prêtres, ne vaut-il pas mieux laisser jeunes gens et jeunes filles dans leurs familles ? Cependant les parents et le clergé se rendent bien compte que la vie de famille ne suffit plus aux jeunes gens ; en Amérique surtout, le pays par excellence des clubs, les jeunes ouvriers veulent aussi avoir leurs clubs ; on rencontre çà et là des *boys* et même des *girls clubs*, cercles de garçons ou de filles.

De plus, les Allemands ont ici leurs *Gesellenvereine*, avec la statue du P. Kolping au coin d'une rue ; il ont, chez les Rédemptoristes, leurs *saint Alphonsus Hallen*, et partout où cela est profitable, le clergé s'efforce d'ouvrir de grandes salles pour réunir les paroissiens, le soir, dans ce qu'ils appellent des *entertainments*. Dans toutes les écoles, il y a une salle de fêtes, avec un théâtre bien organisé. Ce sont, je crois, les paroisses dirigées par des Religieux — car tous les ordres religieux ont ici des paroisses — qui ont les œuvres les plus florissantes.

Les jeunes catholiques voudraient bien

avoir eux aussi des clubs dans le genre de la Y. M. C. A. (1); c'est ainsi que l'on désigne en Amérique la protestante *Association des jeunes gens chrétiens*, mais quand on a vu les immeubles, je devrais dire les palais, qu'ils possèdent, quand on songe aux millions qu'ils dépensent, on comprend que le rêve soit irréalisable. La Y. M. C. A. a l'un de ses cercles à Paris, rue de Trévise; c'est déjà très beau, mais ce n'est rien en comparaison des cercles américains. Ils sont, aux Etats-Unis et au Canada, 350.000 jeunes gens ainsi groupés; ils ont une fortune considérable, et bien que l'association soit protestante, et même qu'elle fasse du prosélytisme latent, ils reçoivent volontiers les jeunes gens catholiques; pratiquement, ils se sont soustraits à la direction des pasteurs. Leur principal établissement à New York n'a pas coûté moins de quatre millions, et ils ont douze cercles dans la ville, avec

(1) *Young Men Christian Association.*

une bibliothèque de 50.000 volumes. Ils dépensent par an, dans la seule ville de New York, beaucoup plus d'un million.

J'ai visité une école, le *La Salle Institute.* C'est une école primaire, mais ne vous étonnez pas, la moindre école porte ici le nom d'Académie, quelquefois, d'Université. L'Institut La Salle est admirablement situé, dans le plus beau quartier de la ville, en face le Central Park, et à deux pas de la 5e avenue, c'est une maison qui vaut bien un million de dollars. Les élèves sont peu nombreux, et la rétribution est élevée: 3.000 francs pour les pensionnaires et 900 francs pour les externes. On les prépare ici à suivre les cours des écoles supérieures.

En Amérique, comme partout, les Frères des écoles chrétiennes sont merveilleusement outillés ; il y a quelques années, ils avaient même des collèges d'enseignement classique ; une décision de Rome provoquée par les évêques d'Amérique a mis fin à cet abus. Le Frère qui me conduit attire surtout mon attention sur les succès sportifs de ses élèves. Les succès scolaires, dans les examens, la belle affaire ! parlez-moi du *base ball*, du *foot ball*, etc !... Voilà les photographies des jeunes champions, voilà leur vestiaire, leurs salles de bains et de douches. Le dimanche, les enfants, dont un grand nombre sont protestants, sont rendus à leurs familles ; c'est la famille qui leur fera remplir leurs devoirs religieux. Dans la maison il n'y a qu'un oratoire à l'usage des Frères ; un prêtre vient aussi y entendre les confessions des élèves.

Le touriste peut visiter New York en peu de temps. Une matinée nous suffit pour voir toute la partie nord de la ville, le Parc, les somptueuses *Mansions* de la Ve Avenue, — grâce à une introduction de mon ami le Dr C., j'ai pu pénétrer dans un de ces hôtels de milliardaires, — châteaux de la Renaissance ou palais florentins—puis, sur les hauteurs, le tombeau du général Grant, le héros de la guerre de Sécession. Ce serait un beau monument, si la coupole était surmontée de quelque chose. Il semble que ces édifices ne puissent pas se passer de la croix, non seulement comme emblème religieux, mais comme complément esthétique. On dirait que ce dôme est resté inachevé. Mais en fait de religion, je crois bien que le général Grant ne connaissait guère que la franc-maçonnerie. Je me souviens de lui avoir été présenté autrefois, en 1877, dans un salon officiel, à l'occasion d'un voyage qu'il faisait en Europe.

Non loin de là s'élève la nouvelle cathédrale épiscopalienne, St-Jean-Baptiste. Plus loin, à l'extrémité nord de New York le superbe couvent du Sacré-Cœur. Cette rive gauche de l'Hudson, calme, loin du tumulte des affaires, forme une sorte de parc, *the*

Riverside Park, mal entretenu, mais que sa position naturelle suffit à rendre intéressant. C'est une colline pittoresque, dominant la rivière, et du haut de laquelle la vue s'étend sur le fleuve encombré de *ferries*, bateaux transbordeurs, de vaisseaux de guerre et de steamers au long cours. Sur l'autre rive, des campagnes parsemées de villas, mais surtout, en se dirigeant vers le sud, d'immenses villes industrielles, comme Hoboken et surtout Jersey City. Mais gardez-vous de dépasser le Riverside Park. Vers la 75e rue, nous pénétrons de nouveau dans le quartier des docks qui, à New York, est peut-être plus malpropre, et surtout plus affairé, plus bruyant, que dans aucun port du monde.

Nous rentrons dans le New York aristocratique et nous nous arrêtons à St-Patrick, la cathédrale catholique, le plus beau monument de la Ve avenue et de la ville tout entière. C'est une grande église, d'un XIIIe siècle très pur, flanquée de deux tours, dont les flèches se perdent dans les nues. Elle ressemble, avec des dimensions beaucoup plus étendues, à Sainte-Clotilde de Paris. Elle n'a pas été encore consacrée ; cette cérémonie est fixée aux premiers jours d'octobre, et elle sera présidée par le Cardinal Vannutelli, à son retour de Montréal.

On raconte que pour couvrir les frais de cette construction grandiose, un archevêque de New-York invita un jour à sa table quelques-uns des milliardaires de la Ve Avenue, ses voisins. A l'heure du champagne, on leur servit un billet doux qu'ils lurent avec une certaine anxiété. C'était un chèque qu'ils étaient priés de signer, et par lequel chacun d'eux *offrait* à son amphitrion une contribution énorme à l'achèvement de la cathédrale. Ils s'exécutèrent de bonne grâce. Quelqu'un, après avoir vidé sa coupe, hasarda seulement cette remarque, que l'Archevêque avait manqué sa vocation : il eût fait un *capital* marchand de vins.

Comme dans toutes les églises catholiques que j'ai visitées, le sol est couvert de tapis sur lesquels les fidèles glissent sans faire le moindre bruit. Lorsque nous entrons, la grand'messe est commencée. La cathédrale est remplie de fidèles jusqu'au bas de la nef. A l'entrée se tient debout un collecteur qui perçoit la location des places. Des employés empêchent les curieux de circuler et conduisent les nouveaux arrivants à leur banc.

Derrière la cathédrale, la maison de l'Archevêque et des prêtres de la paroisse. J'ai fait visite au Curé, Mgr Lavelle, vicaire général, un beau vieillard à cheveux blancs, très fier de la situation des catholiques à New-York. « Nous sommes la confession la plus nombreuse, me dit-il ; je ne conseillerais pas de porter le Saint-Sacrement en procession, bien que nous n'ayons rien à craindre, mais nous aurions une grandiose manifestation religieuse, si, quelque jour, le Congrès Eucharistique se tenait ici. »

Il est certain que les catholiques sont très nombreux, au moins 1.500.000, et très influents à New York. A Tammany Hall, ce club du parti démocrate qui exerce dans la ville et dans tout le pays une si grosse influence, c'est un catholique, M. Murphy, qui préside.

Les Irlandais sont de très habiles politiciens, paraît-il. Ils connaissent l'art de louvoyer, de diriger l'opinion sans la heurter de front. Le maire actuel de New York, M. Gaynor, qui a failli être assassiné il y a quelque temps, est aussi un Irlandais, un Irlandais catholique qui a mal tourné. Il a été d'abord Frère des Ecoles chrétiennes, est sorti de l'Institut, s'est marié ; jusqu'ici il n'y avait rien à dire; mais il a divorcé, puis il a épousé une Juive ; c'est aujourd'hui, en fait, un apostat. Les Irlandais catholiques l'ont pourtant, très à contre-cœur, poussé à la mairie de New York, parce qu'ils ont dû compter avec la popularité du candidat, et aussi parce qu'en Amérique, on y pense peut-être, mais on ne parle jamais des opinions religieuses d'un homme politique. De même le candidat, qu'il soit républicain ou démocrate, ne touchera pas à la question religieuse.

Ce que je viens de dire de Tammany Hall ne doit pas être pris pour un plaidoyer en sa faveur. Je sais que ce fameux club est assez décrié, que dans certains milieux il jouit, si l'on peut dire, de la plus détestable réputation. C'est l'antre de la politique vénale et corruptrice ; s'emparer du pouvoir afin d'en bénéficier, tel serait leur but. Pour cela, ils répandent de grandes largesses dans les quartiers pauvres, afin d'avoir les suffrages du peuple ; il suffit qu'un ministre du culte leur signale une misère à soulager pour que, sans compter, le club ouvre ses caisses. Ils dépenseront 100.000 dollars en secours, mais si leurs candidats sont élus, ils prendront 5 millions de dollars dans les caisses de la ville. Que ne dit-on pas encore ? Que M. Murphy et ses amis me le pardonnent, je ne leur apprendrai toujours rien et je suis loin d'endosser ces propos calomnieux. M. Murphy, me dit un adversaire féroce de Tammany Hall, était, il y a 10 ans, un tenancier de bar ; aujourd'hui, grâce aux sommes qu'il a gagnées dans le tripotage des grands travaux publics, c'est un *contractor* qui vaut des millions. Bref, Tammany Hall, c'est le foyer des *trusts*, des agioteurs et des accapareurs. Voilà l'opinion de Roosevelt et de ses amis, ce qui n'a pas empêché Tammany Hall de battre outrageusement Roosevelt et ses amis aux dernières élections.

Pendant que nous faisions les touristes, le téléphone s'agitait. Un Américain ne peut pas se passer de téléphone, pas plus que de l'électricité, de la glace, ou de son bain. Un ecclésiastique, une supérieure de communauté sans téléphone, ce serait quelque chose d'invraisemblable. C'est un vicaire général, Mgr Edwards, qui tient à saluer l'évêque d'Angers. Toute la journée il a été sur les dents, car c'est l'homme le plus affairé du monde. Il est, en même temps que vicaire général, curé d'une grosse paroisse située dans le quartier des affaires, Saint-Joseph, une bien pauvre église d'ailleurs ; il est supérieur de je ne sais combien de communautés religieuses ; il est très populaire dans le clergé ; un homme qui ne s'appartient pas. Il viendra ce soir, après dîner. Le voilà : un petit homme de 80 ans, à qui on en donnerait 60 à peine, vif, agité, le cœur sur la main, sans l'ombre de morgue, de joyeuse humeur, un de ces hommes qui vous mettent à l'aise tout de suite. Il dit quelques mots de français. Il a fait au moins 6 kilomètres pour venir, à 8 heures du soir, mais qu'est-ce que cela pour un jeune homme ? Il veut absolument me donner l'hospitalité chez lui ; et un matin, en effet, je lui téléphone que j'irai lui demander à déjeuner. C'est entendu, il m'attendra de pied ferme ! J'arrive à l'heure dite, mais le petit homme avait filé. Il avait été appelé à l'archevêché, et ne devait pas rentrer avant le soir.

C'est égal, je conserve de lui un joyeux souvenir. Il nous avait ménagé une entrevue avec l'archevêque de New York. C'était assez compliqué. L'Archevêque allait présider les obsèques d'un de ses prêtres à New Rochelle ; de là, il devait s'arrêter à son grand séminaire, à 25 kilomètres de New York, mais tout cela pouvait s'arranger. Seulement nous ne pensions pas que cela pût s'arranger le moins du monde, et pendant que nous roulions en automobile le long de la baie de New York, le téléphone nous appelait toute la soirée sans succès, pour nous dire que l'Archevêque nous attendait à dîner.

L'évêque d'Angers est parti ; nous l'avons conduit à la gare, et installé dans son salon. Il fera route pour Montréal avec l'évêque des Cayes, en Haïti, un missionnaire breton, qui cherche des prêtres pour son diocèse. Je n'ai guère rencontré d'évêque en Amérique qui ne demande des prêtres. Mais celui-ci est particulièrement à plaindre. Il n'a que 40 prêtres pour 2 à 3 millions de catholiques ! Toujours le même cri de détresse : *Messis quidem multa, operarii autem pauci.* Les diocésains de cet évêque sont des noirs ou des mulâtres ; ils n'en sont pas moins intéressants. Il y avait justement sur « La Lorraine » deux Haïtiennes d'une grande distinction, portant de riches toilettes. Je crois bien que personne ne leur a adressé la parole de toute la traversée. En Amérique on n'admet pas encore que le noir s'élève au-dessus de la condition de l'esclave.

Je vais pouvoir maintenant flâner à l'aise dans les rues de New York. Ma première visite est pour l'église française, Saint-Vincent de Paul. Elle n'a rien de remarquable ni comme architecture, ni comme décoration. Elle est située comme Saint-Joseph, en plein quartier des affaires, pas des grands magasins luxueux, mais des affaires de gros, dans des rues mal pavées, encombrées de camions ; ici, le décor ne serait pas à sa place. Mais comme cette église est pleine de souvenirs chers à une âme de catholique français ! Les premiers missionnaires catholiques aux Etats-Unis étaient des Français ; on rencontre partout sur cette terre des noms français. Je salue ici avec respect le nom de Mgr de Forbin Janson, qui fut un des premiers curés de cette paroisse. Une plaque commémorative rappelle son souvenir. La paroisse est encore entre les mains des Pères de la Miséricorde, une congrégation française que je croyais éteinte, et que je retrouve pleine de vie en Amérique.

Dans le même quartier je m'arrête dans une rue qui vous rappellerait la rue St-Sulpice à Paris. Tous les magasins de Barkley Street sont des magasins d'ornements, de bronzes, de statues, de livres, d'objets de piété catholiques. Les grandes maisons de Benziger d'Einsiedeln, de Pustet, de Dessain, ont ici leurs dépôts. Je me hâte de dire que sous le rapport de l'art, cela est encore au-dessous de Paris. Vous rappelez-vous l'imagerie T.... ? Je croyais cette maison disparue depuis longtemps. Elle a trouvé l'écoulement de ses produits en Amérique.

Je ne retournerai pas à la 90e rue pour déjeuner, cela me prendrait bien une demi-journée. Allons à l'un des grands hotels où les agences françaises conduisent leurs touristes. Les chambres, pour le prix, ne sont pas mauvaises. Les repas ne sont pas chers, à table d'hôte s'entend, car au restaurant de l'hôtel, c'est hors de prix. Je n'ai pas goûté du restaurant, je n'ai fait connaissance qu'avec la table d'hôte qui est décidément mauvaise. En dehors de la caissière, une dame qui est heureuse de me raconter qu'elle est devenue catholique, — le propriétaire de l'hôtel est, du reste, un catholique d'origine française, — le service est fait par des nègres, la plupart habillés de blanc. Sauf l'espèce de Quasimodo qui va chercher au bar la bière que vous lui commandez, ces nègres n'ont rien de disgracieux.

Mais quelle foire que le rez-de-chaussée de cette auberge ! Il faut dire qu'elle ne renferme pas moins de mille chambres de voyageurs. Mettez seulement la moitié des hôtes, avec le personnel, circulant dans le hall, à l'heure des repas, et vous vous ferez une idée de ce brouhaha. Il y a d'ailleurs de tout dans ce hall : bureaux à découvert, caisse, téléphones, télégraphes, bureau des bagages, fumoir, salon de coiffure, échoppe de cireurs de bottes, boutiques de cigares et de journaux, bureau de tickets de théâtres et de chemin de fer, et j'en passe. Et il en est ainsi dans tous les grands hôtels.

Les bureaux de tickets de chemin de fer rendent de grands services et sont toujours assiégés. Le voyageur peut à l'avance prendre son billet, retenir sa place dans le Pullmann-Car, envoyer ses bagages ; il évite ainsi l'encombrement des gares. Les agents vous donnent sur les compagnies et sur les trains, des renseignements que vous ne trouveriez nulle part ailleurs. Pour aller d'un point à un autre, il y a ici 2, 3, et jusqu'à 4 lignes différentes. Il y a bien un guide officiel des chemins de fer, mais c'est un volume gros comme l'un de nos Bottins. Chaque compagnie publie de petits indicateurs assez commodes, qui sont là s'offrant à vous, sans frais, et divers à l'infini. Vous n'avez qu'à tendre la main, mais vous ne savez lequel prendre. L'agent vous indiquera la bonne route.

Broadway, une rue interminable, est bien la voie la plus affairée de New-York. Elle est curieuse à voir le soir à 5 heures, alors que clercs et employées sortent par milliers de leurs bureaux, ou bien encore au moment du lunch. On lunche partout, surtout dans les sous-sols, et à tous prix ; il y a les *quick lunchs*, déjeuners rapides pour les gens pressés ; il y a aussi les *counter lunchs*, les lunchs de comptoir. Vous vous asseyez, ou vous restez debout à un comptoir, et vous prenez vous-même sur le buffet tout ce que vous désirez ; les prix sont marqués ; vous payez ce que vous avez consommé, et vous pouvez sortir sans avoir dit un mot ; l'employé n'a qu'à recevoir l'argent. Economisons la main-d'œuvre humaine, tout est là pour l'Américain ; les machines, même les plus coûteuses, coûtent encore moins cher que le travail humain. C'est d'après le même principe qu'ils introduisent partout les *pay as you enter cars* — les voitures où l'on paye en entrant. — Le conducteur du tramway ne se dérange pas. Il est là près de sa caisse, il veille seulement à ce que le voyageur — on n'entre que d'un seul côté — dépose dans la caisse ses cinq sous ou sa correspondance. Il donne pourtant la monnaie quand il le faut, mais il ne quitte jamais son poste.

L'évangélisation des midinettes n'est pas chose nouvelle à New-York ; il y a longtemps que les *noon services,* — offices de midi — y sont connus. Dans certaines églises, il y a même des offices de nuit, à 2 h. 1/2 du matin, pour les ouvriers, très nombreux, qui travaillent la nuit. Chaque matin, il faut que le New-Yorker, trouve son magasin, son bureau, son hôtel, son jardin, ses parcs, ses pelouses, ses rues, en parfait état de propreté et de fraîcheur; tout ce travail se fait la nuit.

On prêche l'évangile jusque dans la rue. Si vous allez à Wall Street, le quartier de la finance, il est rare que vous ne rencontriez pas un clergyman monté sur un escabeau, expliquant à ses auditeurs, — on trouve toujours un auditoire, — qu'ils ont autre chose à faire ici-bas qu'à gagner de l'argent. Ce ne sont pas seulement des ministres protestants qui recourent à ce genre de prédication : j'ai vu dans Broad-Street, presque en face de la Bourse, un Père, — Pauliste ou Redemptoriste ? — très humoristique, qui, monté sur son escabeau, avait l'air d'intéresser beaucoup les passants.

La Bourse à New York, voilà encore un spectacle qu'il faut voir. Du haut de la galerie où se tiennent les visiteurs, cela vous a l'air d'un pandémonium, où l'on crie, où l'on court, où l'on gesticule ; une agitation perpétuelle, fantastique, étourdissante ; des gens qui regardent un immense tableau, où une main invisible fait apparaître des chiffres ; qui écrivent hâtivement des notes, des ordres, que des *pages*, c'est le nom qu'on leur donne, tous vêtus uniformément, vont porter ; qui courent aux centaines de téléphones disposés là-bas, dans le fond de la salle. Quand vous sortez de là, après un quart d'heure de visite, vous avez le tympan brisé et le cerveau anéanti. Je n'ai pas besoin de vous dire que je n'ai pas compris un seul mot de ce qui s'est dit : je n'ai entendu que des cris, et je n'ai vu qu'un sol jonché de papiers déchirés.

C'est bien dans cette vision que se condense l'impression générale que vous emportez de New York ; une ville affairée, agitée, enfiévrée, où les gens ne marchent pas, ils courent ; où tout est colossal; où le calme de la nature est remplacé par le tapage incessant des machines, des chemins de fer, des sirènes ; où la nuit devient une débauche étourdissante de lumières, mise au service de la réclame la plus effrénée : une fournaise et des papillons tourbillonnant dans l'incandescence.

CHAPITRE IV

UNE COLONIE FRANÇAISE EN AMÉRIQUE

Le « merchant's limited » pour Boston. — L'hôtel de mon ami J. — La tempérance. — L'église française. — Sainte-Chrétienne de Salem. — Les Canadiens français. — Saint-John's Seminary. — Le foyer intellectuel de l'Amérique. — En « sleeper ».

J'ai pris à l'agence mon billet pour Boston ; j'aurai une place dans « le train des marchands », *Merchant's limited,* un train rapide au service des commerçants de Boston qui sont venus passer la journée à New York. J'ai télégraphié à mon ami J. que j'avais rencontré sur le bateau ; il possède un hôtel à Boston et je lui avais promis de descendre chez lui. Il n'a pas reçu mon télégramme, mais peu importe, il est heureux de me retrouver, et me présente à sa femme, une bonne Irlandaise catholique, et il m'invite à me rafraîchir. Voici précisément un Canadien de Québec, qui parle admirablement le français. Hâtons-nous, il va être 11 heures, et après 11 heures, il est absolument interdit de servir des boissons. Boston est devenue une ville en majorité catholique, mais elle a gardé ses lois puritaines qui ne plaisantent pas sur le chapitre de la tempérance.

La tempérance ! voilà une vertu très en honneur, je veux dire très prêchée, en Amérique. Vous ne rencontrez que des gens qui ont pris le *pledge*, c'est-à-dire l'engagement sacré de ne boire aucune liqueur fermentée. Dans la plupart des familles, on ne boit à table ni vin, ni bière, ni liqueurs. On boit de l'eau, ou du thé. Et les débits de spiritueux sont soumis à des prescriptions très rigoureuses. Le dimanche, dans beaucoup d'Etats, ces établissements sont fermés.

Les Américains en sont-ils plus sobres ? Il est permis d'en douter. S'ils ne boivent pas de vin à table, ni de spiritueux au café, ils ne se privent pourtant pas de *cock tails*, seulement ils les feront monter dans leur chambre. Le dimanche, le bar est fermé, soit ; mais il y a l'entrée de famille, et pour que le public ne s'y trompe pas, une enseigne très voyante lui indique la porte qu'il doit prendre. Dès lors que vous êtes passé par la *family entrance*, vous pouvez vous alcooliser sans vergogne ; les apparences sont sauves.

Et puis, il y a le pharmacien. En Amérique, la pharmacie ne prend pas les allures d'une profession libérale ; le pharmacien n'est ni l'apothicaire français, ni le *chemist* anglais ; c'est un simple marchand de drogues, et son officine s'appelle tout bonnement magasin de drogues, *drug store*. On n'y vend pas que des drogues ; le pharmacien vend de la parfumerie, de la mercerie, des journaux, des timbres-poste, etc. Mais parmi les drogues qu'il débite, il y a les spiritueux, et lorsque la porte du bar est fermée, vous n'avez qu'à entrer chez le droguiste et prendre là, très tranquillement, votre petit verre de wisky. Du moment que vous l'avez baptisé drogue, le wisky n'a rien qui répugne à la tempérance.

Mais revenons à mon ami J. Nous faisons le tour du propriétaire ; il faut visiter le bar, le café, le restaurant, le comptoir à la viande, *meat market*, les cuisines, la boulangerie ; il y a justement un boulanger qui parle français, il est belge. M. J. ne me fait grâce de rien. Il ne m'épargne pas la petite impression du *fire escape*, de la trappe en cas d'incendie.

C'est une précaution que vous trouverez partout et qui est prescrite par la loi : ici et là des tuyaux de toile ajustés à une pompe, des seaux d'eau, et une petite lumière rouge avec ces mots : *fire escape*, indiquant le chemin qu'il faudra prendre en cas de malheur. Ce chemin est un escalier en fer qui descend le long de la muraille à l'extérieur. Ces précautions ne sont pas inutiles, malheureusement elles n'empêchent pas tous les accidents, car les incendies sont assez fréquents dans ce pays, et comme tout doit être colossal en Amérique, ils prennent des proportions gigantesques : des centaines de personnes brûlées vives, des villes entières à moitié consumées, comme Chicago, San Francisco, Baltimore, comme Boston elle-même en 1872.

J'ai une introduction pour les Pères Maristes de Boston. Je vais célébrer la messe dans leur église, l'église française de la ville ; on y prêche en français tous les dimanches. Un des Pères, ancien élève de Montluçon, a la bonté de me conduire après déjeuner. Je ne verrai pas la ville sous un beau jour ; il pleut à verse. D'ailleurs je ne fais que passer ici, et ce n'est pas en quelques heures qu'on peut visiter une ville de 700.000 âmes. Je pars donc pour Salem, à 30 kilomètres de Boston. C'est là que se sont réfugiées les Sœurs de Sainte-Chrétienne, exilées pour cause de religion ; la Supérieure de Salem a été Supérieure de la maison d'Henrichemont, et je vais retrouver là plusieurs religieuses berrichonnes : la sœur d'un de mes vicaires, les sœurs du regretté abbé Millet, etc.

Salem est une ville manufacturière habitée en majorité par des Canadiens français. On y parle français, on y publie des journaux français. Il y a deux paroisses canadiennes françaises, où l'on ne prêche qu'en français. Naturellement, l'école est française. C'est à Salem que, pour la première fois, j'ai pu me rendre compte de l'attachement des Canadiens français à leur langue et à leur race, et de la lutte acharnée qu'ils mènent sur ce terrain contre leurs frères de langue anglaise.

Le Curé de Saint-Joseph, M. Rainville, apprenant que je suis chez les Sœurs, m'envoie chercher pour dîner. Il vient d'entrer dans son presbytère tout neuf, et il commence à bâtir une nouvelle église. L'ancienne église a été transportée — sur des roulettes — à cent mètres de là, et l'ancien presbytère qui vient d'être vendu, va également traverser la route pour faire place à une nouvelle construction. C'est encore une curiosité américaine que ces maisons qu'on fait ainsi voyager. On n'a même pas eu besoin de déplacer les statues de l'église.

M. Rainville est l'un des chefs de l'Union Saint-Jean-Baptiste, dont le but est de défendre chez les Canadiens français aux Etats-Unis leurs intérêts de race et de religion. Cette société compte des milliers de membres, et j'admire son rôle bienfaisant, mais je ne puis me défendre d'un sentiment de tristesse à la pensée que tout ce travail, toute cette énergie, tout ce dévouement, toute cette passion au service de notre langue sont voués à un échec, lointain sans doute, mais certain. J'entends encore un vieux prêtre canadien, M. Dauré, curé dans le diocèse de Providence, me dire son découragement à cet égard. Sans doute la famille est française, mais les enfants ne peuvent faire un pas, ils ne peuvent obtenir aucun emploi, travailler dans aucun magasin, aucune usine, sans parler anglais. Les Sœurs de Sainte-Chrétienne elles-mêmes sont obligées d'enseigner l'anglais à leurs élèves.

Ils sont des centaines de mille Canadiens qui ont émigré dans les Etats de la Nouvelle Angleterre : Massachusets, Maine, Rhode-Island, Connecticut, et les autres ; le gouverneur de Rhode-Island, l'Honorable M. Abram Pothier, est même un Canadien français ; mais, noyés comme ils le sont dans la masse anglaise, comment pourront-ils résister à l'influence du milieu ? Ils ont beau se glorifier d'une natalité infiniment supérieure à celle des familles de langue anglaise ; l'excellent curé me dit que, dans sa paroisse de 7.000 âmes, il a fait l'an dernier 358 baptêmes, tandis que son confrère irlandais, dans une paroisse du même chiffre, n'en a fait qu'une centaine ; attendez 3 ou 4 générations ; ces enfants seront devenus des Américains ; — leurs pères sont déjà fiers d'être citoyens de la grande République, — et ils parleront anglais. Les Canadiens reconnaissent aujourd'hui qu'une grande faute a été commise en dirigeant l'émigration canadienne du côté des Etats-Unis, au lieu d'envoyer le trop-plein de leur population coloniser l'ouest du Dominion, où la race canadienne française ne forme qu'une infime minorité, de sorte qu'aujourd'hui, ce Canada, qu'on s'imagine presque exclusivement français et catholique, est aux trois quarts anglais, et aux deux tiers protestant.

Je reviens à mon couvent de Sainte-Chrétienne, où je suis accueilli, on devine avec quelle joie. Elles sont là environ 70 religieuses, en voie de constituer une province franco-américaine. Déjà elles ont essaimé ; deux fondations, non loin de Salem ; et elles commencent à recruter des novices. Point d'amertume dans leur cœur au souvenir de la patrie lointaine ; je n'entendrai pas chez elles ce cri de colère que j'ai surpris sur les lèvres d'un religieux : « Ah ! oui, je l'étais, Français, quel crime ai-je donc commis pour m'avoir forcé, si je voulais rester fidèle à ma conscience, à l'honneur, pour m'avoir condamné à l'exil ? » Non, elles me diraient plutôt comme ce jeune religieux franciscain à Mgr Touchet : « Bénissez-moi, et quand vous retournerez en France, saluez de ma part notre Patrie ! »

Il me faut parler à la Communauté, parler de tout ce qu'elles ont laissé là-bas, dire nos tristesses et nos espérances ; elles nous reviendront un jour et elles nous rapporteront, avec le sens de la liberté, la flamme du patriotisme et du dévouement religieux qu'elles gardent si fidèlement. J'ai vu leur immense maison orgnisée à l'américaine, leur chapelle ravissante, leurs classes à tous les étages ; elles ont 12 à 1.300 enfants, garçons et filles ; leur salle de théâtre, leur nouvelle construction, car elles sont obligées d'élargir ces murs devenus trop étroits. Ce sont de grands frais, mais la Providence ne les abandonnera pas ; un ouvrier gagne ici de 15 à 20 francs par jour ; les fillettes de 14 ans qui travaillent à l'usine prochaine ne rapportent pas moins de 12 dollars par semaine à la maison.

A grand regret, je quitte ce coin de France pour rentrer à Boston. C'est le soir ; il pleut encore, mais je veux pourtant faire visite aux

Sulpiciens du Séminaire de Saint-Jean. Saint-John's Seminary se trouve assez loin dans la banlieue de Boston, et je ne verrai personne, le P. Reilly, pour qui M. de L. m'a donné un mot, est absent. Du reste, je tombe en pleine Retraite pastorale, et j'assiste à une conférence donnée par un grave religieux à des Messieurs que je viens de rencontrer en veston et chapeau de paille. Le Séminaire est un édifice monumental, gracieusement caché dans les arbres, sur une colline qui domine la rivière, en face de la célèbre université Harvard, de l'autre côté. Je n'ai que le temps d'admirer la chapelle somptueuse, les salons de réception, un coin du parc, et je rentre en ville.

Le mauvais temps m'empêche de profiter des quelques heures qui me restent à passer à Boston. On m'avait dit : « Voyez surtout la bibliothèque ; c'est un temple au seuil duquel il faudrait s'agenouiller ».

J'avais reconnu à cet accent le Bostonien légèrement prétentieux qui ne voudrait pas être confondu avec le vulgaire. Dans la hiérarchie intellectuelle des cités américaines, Boston tient la première place ; c'est la plus ancienne des villes de la grande République ; ce fut autrefois la ville la plus prospère et la plus riche ; c'est elle qui donna le signal du soulèvement pour la conquête de l'Indépendance : — le massacre de Boston en 1770, « le Thé de Boston » en 1773, sont des événements qui ne seront jamais oubliés ; — mais elle est plus fière encore de ses gloires littéraires. Elle est, en face des autres villes d'Amérique plus modernes, plus populeuses, plus mercantiles, ce qu'est la noblesse en face du commun des mortels. C'est ici que parut, en 1704, le premier journal américain, le « Boston News letter », et ses célébrités dans le domaine des lettres, de la philosophie, des sciences, des arts sont nombreuses. C'est la patrie de Benjamin Franklin, d'Emerson, de Longfellow et de tant d'autres. Mais je n'ai pas le temps de m'agenouiller au seuil du temple; il ne me restera de Boston que le souvenir d'une ville tout aussi américaine que les autres.

Me voici maintenant installé dans le train qui va me conduire à Québec; j'ai 15 heures de chemin de fer devant moi. Mais c'est la nuit, je ne perdrai pas mon temps. L'Amérique étant la patrie classique du confort, on ne s'étonnera pas que ses chemins de fer soient le dernier cri du bien-être. Et comme il y a toujours trois ou quatre compagnies rivales qui se disputent le voyageur, les voyages ne coûtent pas cher, moins cher qu'en France. C'est peut-être, avec les chaussures, la seule chose qui soit bon marché. Les voitures de la Pullmann Company qui circulent sur toutes les lignes sont excellentes, très propres, même élégantes, sans trépidation, et munies de tout ce qu'un voyageur américain peut désirer.

Le jour, c'est un salon garni de fauteuils qu'on peut tourner dans toutes les directions. Entre chaque fauteuil, le nègre chargé des fonctions de valet de chambre, — et chaque voiture a le sien, — vous ajuste, si vous le désirez, une table sur laquelle vous pouvez écrire, ou prendre votre repas. Car il y a dans ce train une cuisine, un buffet, un bar, une salle à manger, un fumoir, une bibliothèque, des cabinets de toilette avec eau chaude ; bientôt on pourra y prendre des bains. Le seul inconvénient pour les gens qui aiment la solitude, c'est que vous vous trouvez en nombreuse société, car le wagon n'est pas divisé en compartiments. Mais si vous voulez être seul, vous pouvez louer un salon particulier où personne ne viendra vous déranger. De temps en temps circulent des employés qui vous offrent journaux, revues, cigares, bonbons, fruits, que sais-je encore ? Et avant que vous arriviez à destination, le bon nègre est là, brosse à la main, qui enlève la poussière de vos vêtements.

Si c'est la nuit, le salon, un peu différent du *parlour* précédent, c'est ainsi qu'ils l'appellent, se transforme en *sleeper* : wagon-lit. En un clin d'œil le nègre a posé les cloisons. réuni les banquettes, disposé matelas, draps et couvertures, rabattu les rideaux, et voilà la voiture transformée en dortoir, un vrai dortoir de collégien. Chacun se renferme derrière de lourdes tentures qui cachent un lit où les 100 kilos eux-mêmes peuvent prendre leurs ébats, et, à moins d'avoir le sommeil difficile, vous dormez comme dans votre chambre. Soyez sans inquiétude, le bon nègre est là, qui passera toute la nuit dans un coin de la voiture, cirera vos chaussures, brossera vos vêtements, veillera discrètement sur vous, prêt à répondre à votre appel, si vous pressez le petit bouton électrique qui se trouve à portée de votre main, et qui, le lendemain matin, lorsque vous sortirez de votre lit pour aller faire votre toilette, vous accueillera d'un amical sourire, en montrant ses dents blanches, ou même, s'il est catholique, vous saluera aimablement : Bonjour, Père !

CHAPITRE V

LA NOUVELLE FRANCE

Québec. — Les « quelques arpents de neige ». — Le Cardinal Légat. — Les Pères du Sacré-Cœur. — Le Curé d'Anticosti. — Les Acadiens. — La dîme. — Les Congressistes. — Montréal. — Le Frère Rieul. — Le couvent des Sourdes-Muettes. — Souvenirs du Berry. — Les protestants et le Congrès. — Le « Labor day ». — La Trappe d'Oka et le Frère René. — Les Seigneurs de Montréal.

Lorsque le jour paraît, je suis déjà au Canada, je lis des noms français de stations, des avis en français, nous traversons des campagnes, des villages, qui font penser aux campagnes normandes. Seules, les usines que nous rencontrons portent des noms anglais. Là encore la grande industrie, les grandes entreprises, sont aux mains des Anglais;

le canadien français est resté agriculteur.

Enfin, nous voici arrivés à Lévis, sur le Saint-Laurent : Québec est devant nous. C'est une vue admirable et dont on jouit pleinement pendant les quelques minutes que dure la traversée du fleuve. La ville s'étage dans un pittoresque ravissant, depuis les bords du fleuve jusque sur les hauteurs, mais d'un côté c'est une falaise inaccessible qui domine le port. Là haut c'est la terrasse Dufferin, c'est la citadelle, d'où la vue est unique au monde ; plus loin, les plaines d'Abraham où, il y a un siècle et demi, se décidèrent les destinées du Canada. Je ne veux pas redire cette histoire si douloureuse pour nous, mais comment ne pas donner un souvenir à l'héroïque Montcalm, qui eût facilement conservé le Canada à la France, si les philosophes d'alors n'avaient pas si dédaigneusement fait leur deuil de ces « quelques arpents de neige » ? C'est le 13 septembre 1759 que fut livré le combat décisif. Les deux généraux ennemis, Montcalm et Wolfe, trouvèrent la mort sur le champ de bataille.

Sur la terrasse Dufferin, au pied de la citadelle, une colonne rappelle la mémoire des deux braves :

Mortem Virtus Communem
Famam Historia
Monumentum Posteritas
Dedit

La valeur leur a fait trouver une même mort ; l'histoire leur a donné une même gloire ; la postérité leur a consacré le même monument.

Québec a vraiment conservé l'aspect d'une vieille ville française. Les neuf dixièmes de ses habitants sont canadiens français, et malgré l'occupation anglaise, la langue officielle, dans toutes les administrations, est le français. Que de souvenirs français dans cette ville ! Mais c'est un français qui semble un peu arriéré, comme le français du XVIIe siècle. Les églises, en particulier, ont conservé le caractère des églises d'il y a 200 ans ; on sent que le romantisme, avec le retour à l'art gothique du Moyen-Age, n'a pas pénétré jusqu'ici.

Une de mes premières visites est pour le couvent des Ursulines, fondé en 1659 par Madame de la Peltrie, et celle qui a été surnommée la Sainte-Thérèse du Nouveau Monde, la vénérable Marie de l'Incarnation, dont les restes sont gardés ici, en attendant que l'Église les place sur les autels. C'est dans la chapelle de ce couvent que Montcalm fut enterré. Montcalm, le Chevalier de Lévis, Champlain surtout, le véritable fondateur de Québec, Jacques Cartier, le premier Français qui aborda dans cette région, François de Montmorency-Laval, le premier évêque de Québec, voilà des noms qui ne seront jamais oubliés. Monuments, inscriptions, institutions publiques, comme l'Université-Laval, rappellent leur mémoire.

Lorsque j'arrive, la ville est en fête. Le Légat du Pape, remontant, sur un des vapeurs du C. P. R. (Canadian Pacific Railway), le cours du Saint-Laurent, dans une ovation perpétuelle, a été reçu triomphalement, au son de toutes les cloches de la ville et au bruit des canons de la citadelle. Un trône lui a été élevé sur la hauteur qui domine le fleuve; c'est là qu'il a été reçu par le Premier Ministre de la Province, et harangué par le maire de la Ville. Le drapeau tricolore français flotte au sommet de tous les édifices, marié au drapeau pontifical ; les oriflammes, les banderoles, les tentures, les transparents, décorent toutes les maisons, et ce soir toute la ville sera illuminée.

Nous avons à Québec d'autres « exilés pour cause de religion » que j'ai hâte de visiter : les Pères du Sacré-Cœur d'Issoudun, qui ont ici, sous la direction du P. Maillard, une mission florissante. Ils viennent de restaurer leur chapelle ; c'est tout à fait la chapelle de la Sainte-Vierge de la basilique d'Issoudun. J'apporte au Révérend Père des nouvelles du Berry, et il me dit les joies apostoliques que la Providence lui a ménagées au Canada. Déjà la maison de Québec a des filiales ; on vient de leur confier une mission dans l'Ontario ; le culte de N.-D. du Sacré-Cœur se répand sur cette terre catholique. Que nous sommes loin d'Issoudun ! Le Père me parle des familles canadiennes, avec leur progéniture si nombreuse ; dernièrement, à leurs noces d'or, deux bons vieillards réunissaient à leur table plus de 150 enfants et petits-enfants. Et quels chrétiens ! Les dévotions, les confréries de piété, recrutent autant d'adhérents parmi les hommes que parmi les femmes ; les hommes récitent leur chapelet publiquement, sans le moindre respect humain.

Un ecclésiastique que je rencontre me fournit des indications précieuses. C'est un Acadien dégrossi, qui parle le français un peu comme nos paysans, mais qui ne parle pas d'autre langue. Il est curé dans une île du Saint-Laurent, curé missionnaire, séparé du reste du monde, passant une partie de sa vie en bateau, ne venant à Québec que très rarement. Auparavant, il était chargé d'Anticosti, cette île achetée par le chocolatier Ménier, au prix de 16 millions ; une île sombre, ne produisant guère que du bois, dont on fait de la pulpe pour la fabrication du papier. Depuis, on y fait de l'élevage et on y cultive quelques céréales. C'est un berrichon, originaire de Charly, qui dirige cette exploitation. Il avait même amené avec lui quelques familles du Berry, mais la plupart de ces colons ont quitté l'île inhospitalière ; quelques-uns sont restés à Québec.

Mon curé, à Anticosti, avait comme paroissiens d'anciens Acadiens, excellents catholiques, travaillant au bois ou dans les pêcheries. Le reste de la population se composait de gens peu recommandables, forbans, écumeurs de mer, venus des États-Unis ou d'ailleurs, pour échapper à la justice. M. Ménier avait commencé par les chasser de l'île. Ils avaient alors élevé, à quelques mètres de la côte, sur l'eau, comme des cabanes de castors où ils se croyaient en sûreté, ne se trouvant plus sur le territoire d'Anticosti. C'est alors que M. Ménier acheta le droit de pêche exclusif sur toute la côte ; il put ainsi se défaire de ses peu intéressants sujets et de leurs cités lacustres.

Quelle douloureuse histoire que celle de ces Acadiens ! La déportation en masse de tout un peuple par l'Angleterre, déportation brutale, inhumaine, dans laquelle le mari est séparé de sa femme, les enfants de leurs parents ! Cet épisode de la conquête du Canada par les Anglais a inspiré à un Américain protestant, Longfellow, un délicieux poème, *Evangeline*, qui est hélas ! autre chose qu'une œuvre d'imagination ; c'est une page d'histoire. Beaucoup de ces Acadiens, déportés dans la Nouvelle-Angleterre, purent revenir ensuite dans leur pays d'adoption, mais comme des étrangers désormais, et à la dérobée ; le pays lui-même avait changé de nom et il s'appelle aujourd'hui la Nouvelle-Ecosse, le Nouveau-Brunswick, l'Ile du Prince-Edouard, et on y parle l'anglais. Mais ils sont tenaces, nos Acadiens français, et leurs familles sont d'une fécondité prodigieuse. Lorsqu'ils furent déportés en 1755, ils étaient 18.000 ; dix ans après 2,800 étaient rentrés en cachette ; aujourd'hui ils ne sont pas moins de 165.000, sans compter les 75.000 qui ont émigré aux États-Unis ou qui sont dispersés dans la province de Québec.

Dans ce qui fut autrefois l'Acadie, ils égalent dès maintenant et ils surpasseront bientôt en nombre les catholiques de langue anglaise. Ils ont des journaux, des collèges, une centaine de prêtres de leur nationalité, une vingtaine de communautés religieuses ; ils envoient des représentants aux divers Parlements du pays; ils ont même deux députés au Parlement fédéral ; bref ce peuple martyr est en voie de résurrection... « L'Acadie n'est pas morte. Elle peut encore se promettre de beaux jours. Son héroïque histoire et ses épouvantables malheurs, la miraculeuse conservation de sa foi, de son vieil idiome, de ses traditions et de ses coutumes, tout conspire à lui laisser entrevoir un avenir plein de promesses » (1).

Mon curé canadien est décidément bien intéressant, et je ne me lasse pas de l'interroger. Ses paroissiens sont tous, presque sans exception, d'excellents catholiques pratiquants ; ils ont en particulier le culte des âmes du Purgatoire, et rien n'est cu-

(1) Desrosiers et Fournet. — *Notre Histoire. La Race Française en Amérique*, p. 139.

rieux comme cette coutume des *Ventes aux enchères*, dont le produit sert à faire dire des messes pour les âmes du Purgatoire. La dîme est encore en usage au Canada :

Droits et dîmes tu payeras
A l'Eglise fidèlement.

C'est un des commandements de l'Eglise, que les fidèles récitent matin et soir dans leur prière, et dont l'observation est rigoureusement exigée sous peine de refus des sacrements. Pourtant cette dîme n'est pas le dixième des revenus, c'est seulement un 26e des produits en céréales. Dans les villes, et pour ceux qui ne récoltent pas de céréales, cette redevance se perçoit en espèces, généralement une piastre, 5 francs, par communiant. Il y a longtemps que l'Eglise aurait pu, si elle l'avait voulu, remplacer ces redevances par un traitement servi par le Gouvernement. Elle a toujours préféré aux faveurs de l'État ce lien qui la rattache si étroitement au peuple. Les évêques, du moins aux Etats-Unis, reçoivent de chaque paroisse, en proportion de ses ressources, ce qu'on appelle le « *Cathedraticum* ». Il y a des diocèses riches où le Cathedraticum produit une grosse somme. Un prêtre du diocèse de Boston me dit que son Archevêque, de ce chef, ne reçoit pas moins de 100.000 dollars. Evidemment le clergé est infiniment mieux rétribué que chez nous, sauf peut-être les professeurs de Séminaires qui, m'a-t-on dit, ne reçoivent qu'un maigre traitement. Mais je connais certains aumôniers qui, logés, nourris, éclairés, chauffés, blanchis, touchent encore 100 piastres par mois, soit 6.000 francs par an.

C'est à Québec que je trouve le gros des Congressistes français arrivés avec le Cardinal sur l'*Empress of Ireland*. Je suis heureux de rencontrer des berrichons : l'abbé F..., le Comte de L..., qui font partie du groupe Lubin, sous la direction des PP. Assomptionnistes.

Nous assistons au départ du Légat, qui se rend au port précédé de sa garde d'honneur, les hussards canadiens, et les vieux zouaves pontificaux. Ceux-ci ont repris leur glorieux costume pour faire escorte à l'envoyé du Pape. Ils ne datent pas tous de 1870; ils ont soin d'admettre dans leurs rangs de jeunes recrues qui ne laisseront pas s'éteindre le régiment. Toutes les autorités sont présentes ; le Maire et les échevins portent le costume des Magistrats municipaux de l'ancien régime. Le Légat, entouré du Cardinal Logue, Primat d'Irlande, des évêques, parmi lesquels l'évêque d'Orléans, et de quelques autres grands personnages, remercie la ville de Québec de l'accueil magnifique qu'elle lui a fait, et le bateau s'éloigne.

C'est un steamer du Dominion qui conduit le Cardinal à Montréal, un voyage qui ne durera pas moins de 24 heures, car le bateau stoppera pendant la nuit, et, le lendemain matin, des arrêts sont prévus à Sorel et à Trois-Rivières, où tout un peuple de catholiques ardents s'apprête à recevoir l'Envoyé du Pape. Le Ministre de la Marine est à bord, et c'est lui qui a fait les invitations, peu nombreuses, car le nombre des cabines est très limité. La consigne est sévère ; un personnage qui avait cru pouvoir l'enfreindre à Trois-Rivières, en a fait l'expérience.

Pour nous, nous allons faire une apparition au Congrès de tempérance où la foule s'écrase pour entendre les orateurs français, l'abbé Thellier de Poncheville et M. Pierre Gerlier. Demain matin, je partirai en chemin de fer pour Montréal, où je veux assister à la réception du Cardinal. Cela promet d'être grandiose.

Nous avions compté sans la pluie. Il pleut à torrents lorsque j'arrive à Montréal.

Il y a pourtant une foule énorme au quai où doit accoster le bateau cardinalice. Mais il ne faut pas songer à suivre le programme annoncé. Les personnages officiels s'empressent de monter en voiture et tout le monde se rend à l'Hôtel de Ville, où, entouré de ses échevins, le Maire, M. Guérin un Irlandais, malgré ce nom bien français harangue le Cardinal, en français et en anglais. Dès cette première rencontre, le conflit de races et de langues se fait sentir. L'Hôtel de Ville est pavoisé aux couleurs pontificales, anglaises, françaises, irlandaises. Quel drapeau aura la première place ? Les Canadiens français l'ont exigée pour le drapeau tricolore français, parce que Québec est une province de race et de langue françaises, mais le Maire a donné la préférence aux couleurs irlandaises, et ce sera après le Congrès, l'objet d'un violent débat au Conseil Municipal de Montréal. L'affaire sera sans doute portée devant les autorités fédérales à Ottawa, et la réponse n'est pas douteuse : les deux partis ont tort, dira-t-on, la première place était due au drapeau anglais.

Je suis attendu moi aussi à Montréal. Je ne serai pas reçu au son des cloches, ni au milieu des pompes officielles ; ce qui m'attend, c'est le cœur, l'affection, la reconnaissance, le souvenir des meilleures années de ma vie. J'ai ici un fils spirituel, Joseph S..., en religion le Frère Rieul-Joseph. Qui ne se souvient de lui parmi les anciens du Patronage Saint-François ? Après de bonnes études chez les Frères, il était allé préparer au lycée son baccalauréat, puis il était entré à la Société Générale, et il était en passe de s'y faire une belle carrière, lorsqu'un jour il vint me confier qu'il avait la vocation religieuse : il voulait être Frère des écoles chrétiennes. Sur les instances de sa famille que ce projet désolait, je lui persuadai de réfléchir une année encore, mais l'année écoulée, il n'avait pas varié, et il entrait au noviciat. Pour ses camarades, qui avaient connu S..., si plein d'entrain, si ardent au jeu, — on se souvient encore au patronage de ces courses effrénées dont il était le champion, mais après lesquelles il tombait dans une prostration qui me glaçait d'effroi, — ce fut une surprise : pour moi qui connaissais cette âme si loyale, si généreuse, je ne fus pas très étonné. Lorsque parurent les lois persécutrices, il refusa de se séculariser, il préféra l'exil. Il y a 6 ans qu'il est au Canada, professeur au magnifique et très prospère collège du Mont Saint-Louis. C'est lui qui m'a retenu, à l'Institut des Sourdes-Muettes, une très belle chambre, où je passerai la semaine.

La curiosité a bien pu me pousser à la réception du Cardinal Légat, mais ensuite je suis vite accouru au Mont Saint-Louis, et c'est des larmes dans les yeux que je revois mon cher Joseph, que je lui apporte les embrassements de sa mère, de sa sœur, les souvenirs affectueux de ses anciens camarades. Désormais, nous ne nous quitterons guère. Le lendemain, je suis invité à dîner par le Directeur du Collège et j'obtiens de lui carte blanche pour le Fr. Rieul. C'est lui qui me dirigera à travers les rues de Montréal, qui me donnera mille informations utiles ; je tâcherai de reconnaître ses services en l'introduisant avec moi dans les cérémonies officielles du Congrès, mais je suis loin d'être quitte avec lui.

L'Institut des Sourdes-Muettes est un établissement énorme, avec une façade imposante, un monde de Religieuses, un noviciat, un juvénat, des centaines d'élèves, des pensionnaires en grand nombre, un de ces couvents comme on n'en voit qu'en Amérique, avec, cachée derrière l'édifice, une usine à grande cheminée pour produire la force motrice, la chaleur, la lumière, la glace, nécessaires à la maison. Les Religieuses appartiennent à la Congrégation de la Providence, une fondation exclusivement canadienne.

Je trouverai là une société des plus intéressantes de prêtres canadiens ; Mgr Roy, entre autres, évêque auxiliaire de Québec, un prélat de grande valeur, dont nous admirerons plusieurs fois au Congrès l'éloquence pleine de doctrine et de distinction. Il a terminé ses études classiques à l'Ecole des Carmes, où il a connu l'un de nos distingués confrères du Berry, M. B. Je rencontre là encore l'ardent abbé Perrier, visiteur des écoles catholiques, très apprécié à Montréal et dans le Canada tout entier pour ses campagnes contre le libéralisme areligieux et son apostolat patriotique au service de la cause française en Amérique. Je ne parle pas de l'aumônier, M. Deschamps, un prêtre éminent, l'âme de cette maison, et la bonté en personne. Il est l'un des organisateurs du Congrès et son grand souci pendant cette semaine sera de ne pouvoir suffisamment se consacrer à ses hôtes.

Avec moi sont descendus chez les Sourdes-Muettes nombre de prêtres canadiens : M. Huart, un savant Québecois, très intéressant; des chanoines de Trois-Rivières, de Rimouski, de Joliette, qui portent l'anneau, et, à leur soutane, un col et des parements de velours, ce qui, de loin, leur donne une vague apparence d'officiers du génie. C'est là que je trouve le chanoine Sylvain, de Rimouski, pour qui mon confrère d'I. m'a remis une introduction. Le chanoine Sylvain connaît le Berry ; avec l'abbé Amiot, un prêtre nivernais passé au Canada il y a 25 ans, il est venu à Levroux. Du reste, les ancêtres du chanoine Sylvain, il en a la preuve, étaient des colons berrichons ; ils venaient de Valençay.

Si j'avais plus de temps, je voudrais rechercher les souvenirs laissés au Canada par nos compatriotes. On en trouverait. Il y a, tout près du couvent, une rue de Berry ; il existe dans l'ancienne Acadie une localité qui s'appelle « Les Moulins du Berry ». Je ne sais où j'ai lu que le régiment de Carignan-Sallières, amené ici par le Marquis de Tracy au XVIIe siècle, s'appelait aussi régiment de Berry, et se recrutait dans notre province. En tout cas, l'histoire de la colonisation canadienne a conservé les noms de deux enfants du Berry, tombés sous les flèches des Iroquois : Simon Desprès, en 1664, et Sylvestre Vacher, surnommé Saint-Julien, en 1659.

Le Congrès ne s'ouvre que mercredi soir, mais le Légat du Pape est à Montréal et déjà les fêtes sont commencées. Malgré le mauvais temps, la ville se pavoise et s'illumine avec profusion ; jour et nuit on travaille aux arcs de triomphe qui s'élèvent de toutes parts pour la grande procession de dimanche prochain.

Montréal, malgré ses églises, malgré ses couvents, n'est pas une ville exclusivement catholique ; il y a bien un tiers de protestants. Elle n'a même plus le cachet de ville française que Québec a si bien conservé ; dans certains quartiers, c'est tout à fait la ville américaine. Dans beaucoup de magasins de l'ouest de Montréal, on a quelque peine à se faire comprendre en français. N'est-il pas étrange de rencontrer à certaines vitrines, dans une ville française, des avis comme celui-ci : *Ici on parle français ?* Il n'est pas permis à un Français de Montréal d'ignorer l'anglais ; quant aux Anglais, ils croient presque superflu d'apprendre notre langue. Les grandes affaires se font en anglais : j'ai même rencontré des Canadiens de vraie race française, qui, dans la conversation, éprouvaient quelque difficulté à éviter les anglicismes.

Mais dans tous les milieux, sauf chez les francs-maçons, le Congrès est accueilli avec joie. Les protestants en parlent avec sympathie. Le haut Commissaire du Canada en Angleterre, Lord Strathcona, a donné 25.000 francs à la souscription ; il a mis sa résidence à la disposition de l'Archevêque ; c'est Mgr Bourne, de Westminster, qui sera son hôte, et qui donnera là des réceptions. Il a fallu une sortie peut-être imprudente du célèbre P. Bernard Vaughan pour modifier ces dispositions.

Ce matin, prêchant à Saint-Patrice, devant une foule immense, où se trouvaient beaucoup de protestants, il a parlé contre leur religion, et dit, entre autres choses, que c'est une religion *soulless*, sans âme. Vous entendez d'ici le beau tapage ; dans les journaux d'abord, et le dimanche suivant, dans toutes les églises protestantes. Les journalistes n'ont fait que rapporter la parole du célèbre Jésuite, sans commentaires, mais les prédicants l'ont relevée en des termes qui manquaient généralement d'aménité à notre adresse.

Le Légat se prépare aux fatigues du Congrès en visitant les communautés religieuses. Il est venu chez les Sourdes-Muettes et il y a été harangué par une jeune fille qui a vraiment *parlé*. J'ai entendu autrefois des sourds-muets qui parlaient, ils mettaient en mouvement uniquement les muscles du gosier et ces sons gutturaux vous faisaient mal ; depuis, on leur a appris à mouvoir les muscles de la face, et ce langage est aussi doux qu'un autre. La réponse du Cardinal est traduite, à mesure qu'il parle, par une Sœur placée derrière lui.

Demain, premier lundi de septembre, c'est, aux Etats-Unis et dans les grandes villes du Canada, le *Labor-day*, la fête du travail. Vous allez peut-être croire à une manifestation socialiste, comme celle de notre 1er mai : détrompez-vous. C'est une fête à laquelle tout le monde prend part :

l'Eglise et l'Etat s'y associent. Toutes les Administrations publiques ont congé ; tous les magasins sont fermés. Il y a des parades monstres d'ouvriers et de patrons de tous métiers, avec leurs bannières, et leurs insignes à la boutonnière, mais rien de subversif.

Le soir, les églises sont remplies d'hommes, à Notre-Dame pour les Français, à Saint-Patrice pour les Irlandais ; — on parle de 10.000 hommes à Notre-Dame ; — les Cardinaux sont de la fête, on distribue des images de la Sainte-Vierge avec une prière et cette inscription : Souvenir de la Fête du Travail. Et demain, dans toutes les églises, il y aura des milliers de communions, comme pour une grande fête ecclésiastique.

Ce jour-là, j'emmène le Fr. Rieul à la Trappe de Notre-Dame du Lac, à Oka, environ 60 kilomètres de Montréal. Nous traverserons la rivière en canot, une voiture nous conduira à la Trappe, et le soir nous reviendrons par le bateau qui descend les rapides de Lachine. C'est une excursion qui promet d'être fort intéressante, mais ce n'est pas le paysage qui m'attire. J'ai à la Trappe un autre de mes enfants du Patronage Saint-François, le sacristain modèle qui ne fut jamais remplacé.

René M. avait trouvé chez nous, je ne sais comment cela s'est fait, une vocation de Trappiste, et un beau jour, sans avertir personne que son confesseur, il était parti pour Fontgombaud. Je me souviens encore de la colère des parents, qui voulaient me poursuivre en justice, mais je n'y étais vraiment pour rien. Lui aussi, le Frère Marie-René, coupable de vouloir rester fidèle à sa conscience religieuse, a dû partir pour l'exil il y a 6 ans. Ils sont allés d'abord bien loin dans le farwest américain, dans l'Orégon, fonder une Trappe; mais la santé du Fr. René n'a pu y tenir, et il est depuis deux ans à Oka, très heureux de son sort.

Le voilà : depuis six ans il a pris de l'embonpoint ; avec sa grosse tête rasée, sa barbe rare, ses lunettes et sa bonne figure, on le prendrait pour un mandarin chinois. Quelle joie de parler du vieux pays, des amis d'autrefois, de l'Œuvre dont les souvenirs sont restés si chers ! Nous envoyons des cartes postales au Patronage, aux anciens camarades, avec nos signatures.

Seulement, nous n'avons pas de temps à perdre, et Fr. René n'est pas homme à nous laisser partir sans avoir visité l'abbaye de la cave au grenier. Après la station obligatoire au réfectoire, et la dégustation des produits du pays, en particulier de ce fameux sucre d'érable dont le Canada est si fier, qu'il a fait de la feuille d'érable son symbole ; surtout après les hommages rendus au Révérendissime Père Abbé et au Prieur, nous voilà partis. La règle du silence a été levée pour Fr. René, et nous en profitons. C'est, pour tous les trois, un rajeunissement de 20 ans !

L'abbaye est récente encore, et elle a déjà brûlé une fois ; elle n'a certes rien de monumental, et ce qu'elle a de mieux, son église, n'est qu'une bonne chapelle de communauté : c'est loin de Fontgombaud.

Mais il y a autre chose ; il y a les fameux fromages de Port-du-Salut, la spécialité de l'Abbaye et son meilleur revenu, et il faut voir cela, depuis les centaines de vaches qui fournissent le lait, jusqu'aux caves où se *font* les fromages, en passant par toute la machinerie intermédiaire. Il y a surtout le département du Fr. René, et il nous a préservé cela pour la bonne bouche : la porcherie.

Vous rappelez-vous, dans un des volumes où Huysmans raconte les étapes de sa conversion, le portrait de ce frère de la Trappe d'Igny, qui a ce même département des cochons ? Le Fr. René n'a jamais lu cela, j'en suis sûr, mais ne l'oublions pas, la fonction crée l'organe, et les situations font les hommes. Mon cher Fr. René, au milieu de ses pensionnaires, c'est, tout craché, le personnage de Huysmans, sauf qu'il ne chasse pas encore les démons. Il en a des centaines, de toutes les races et de toutes les tailles, de tous âges, depuis le rose cochon de lait, un morceau de roi, dont le Légat du Pape va se délecter demain à la table de l'Archevêque de Montréal, jusqu'aux monstres de corpulence et de graisse que tout le Canada lui envie. Et tous ces animaux le connaissent. Voici des troupeaux de jeunes gorets, dehors, presque en liberté. Aussitôt qu'ils l'aperçoivent, ils accourent, ils lui envoient leurs petits grognements joyeux, ils frottent leur museau à sa main caressante.

Nous voilà maintenant dans l'étable : c'est un monde de compartiments où les bonnes bêtes sont parquées : cochons à l'engrais, truies avec leur portée fraîchement éclose, porcins qu'il vient de sevrer, et les mâles, les verrats, des étalons, Monsieur, qui font la gloire d'Oka. Et tous le sentent venir; dejà ils sont debout ; lorsqu'il passe sa tête par dessus la barrière, le cochon se trémousse, essaye de lever les yeux, et fait entendre son grognement de satisfaction. Lui les appelle par leur nom, il leur gratte le museau, il enjambe la barrière, va les caresser, monte sur leur dos à pieds joints. « Vous voyez celui-là : c'est le champion, le roi ; il est enregistré au Ministère de l'Agriculture ; cet autre, enregistré ; celui-ci promet d'être un phénomène, je viens d'envoyer son pedigree à Ottawa. Celle-ci m'a donné l'autre jour une portée superbe ; j'en ai fait 45 piastres dès le lendemain. Quant à celui-ci, il a trompé mes espérances, il n'y a rien à en faire ; je l'ai mis à l'engrais. Le cochon est un animal calomnié, Monsieur ; dites donc maintenant qu'il n'est pas intelligent, qu'il n'a pas de cœur ! »

Il faut partir, hélas! nous nous disons adieu, au revoir, qui sait? et la voiture, car l'abbaye est loin, à 3 kilomètres du port, nous ramène à Oka.

En attendant le bateau, nous allons voir l'église, l'école et le vénérable curé, M. Lefebvre, un Sulpicien. Car Oka est une paroisse Sulpicienne, et les Messieurs de Saint-Sulpice ont ici, à la pointe où la rivière d'Ottawa forme, à perte de vue, le lac des deux montagnes, un délicieux séjour. Avant qu'ils en eussent aliéné une partie, tout ce territoire leur appartenait, et le curé est, en même temps, administrateur de ce domaine.

Chacun sait que les Sulpiciens, envoyés par M. Olier, sont les véritables fondateurs de Montréal, bien que les Jésuites s'y fussent établis les premiers. Ils étaient les Seigneurs de l'île de Montréal, et malgré de multiples transformations dans cette propriété, ils y possèdent encore des intérêts considérables. La charte royale qui consacre leurs droits leur interdit d'employer leurs revenus en dehors du pays. Mais leurs œuvres: églises, écoles, séminaires, bourses d'études, travaux publics, comme, par exemple, le canal de Montréal à Lachine, ne se comptent pas. Lorsqu'ils voulurent fonder à Rome le Séminaire Canadien, ils durent faire valoir que cette maison était vraiment terre canadienne.

A Montréal, ils ont plusieurs paroisses, en particulier la première de toutes, Notre-Dame ; et le presbytère, où ils ont donné aux Congressistes une large hospitalité, s'appelle encore le Séminaire. C'est à Notre-Dame qu'ont eu lieu les assemblées générales du Congrès, et le lendemain de la clôture, le Cardinal. Légat avec les évêques et leurs représentants, fut royalement reçu à Oka. Il faisait un temps splendide, et j'ai regretté que mon programme ne me permît pas d'accepter l'invitation. Je retrouve ici le souvenir très vivant de notre compatriote, le P. Vaché, qui a passé à Montréal la meilleure partie de sa vie sacerdotale, et qui est mort l'an dernier au Séminaire Canadien de Rome.

Une fondation qui fait le plus grand honneur à Saint-Sulpice, c'est la *Congrégation de Notre-Dame*. Car c'est sous la direction des Sulpiciens que la vénérable Marguerite Bourgeoys fonda sa Communauté, tandis que Mlle Mance allait à La Flèche chercher pour ses malades les Hospitalières de Saint-Joseph. Je ne sais pas d'histoire plus intéressante, plus édifiante, plus héroïque en même temps, que l'histoire religieuse des origines du Canada, et je suis obligé de me faire violence pour ne pas m'égarer sur ce terrain.

CHAPITRE VI

LE CONGRÈS DE MONTRÉAL

Les fêtes officielles. — Les partis politiques. — Les Francs-maçons. — Les travaux du Congrès. — La jeunesse catholique. — La langue française au Canada. — Conflits douloureux. — Aspect de Montréal. — Une rencontre intéressante. — Les fêtes religieuses. — La procession.

Les travaux du Congrès ont été précédés de grandes fêtes données au Cardinal-Légat par le gouvernement fédéral et la municipalité de Montréal. Le Gouverneur général du Canada, représentant de la Couronne d'Angleterre, est ici le roi qui règne mais ne gouverne pas. Ce n'est pas le gouvernement anglais, c'est le Canada, colonie anglaise autonome, c'est surtout la province de Québec, qui reçoit l'envoyé du Pape. Un déjeuner officiel lui est offert à l'hôtel Windsor.

Les autorités sont au salon, recevant les invités. C'est M. Murphy, Secrétaire d'Etat représentant le Premier Ministre absent ; c'est Sir Lomer Gouin, premier ministre de la Province de Québec, ce sont les membres des grandes cours de justice ; et tous les Canadiens de marque sont là. Il y a là en particulier le président du C. P. R., la plus grosse affaire du pays, ce chemin de fer qui va de l'Océan au Pacifique, qui traverse un pays grand comme l'Europe, cette compagnie qui possède près de 20.000 kilomètres de rails, toute une flotte, des hôtels nombreux, des kilomètres carrés de territoire à coloniser.

Dans la salle à manger nous sommes plus de 200 convives, qui se placent au hasard des rencontres, par petites tables. A la mienne, nous avons l'évêque de Wheeling, aux Etats-Unis, le vicaire général de Cologne, Mgr Kreuzwald, qui fut si bon pour moi l'an dernier au Congrès, le P. Hage, Provincial des Dominicains et orateur de marque, le Chanoine Brintet d'Autun, dont tout le monde se dispute les sonnets, et des prêtres américains.

Au dessert, le Cardinal porte la santé du roi d'Angleterre et Sir Lomer Gouin celle du Pape, non comme un diplomate l'aurait fait, mais comme seul un catholique ardent saurait le faire. Il parlera encore jeudi prochain, à la prochaine assemblée générale, à Notre-Dame, et son langage ne sera pas moins catholique.

Ce jour-là, nous verrons en face les deux partis politiques qui se disputent le pouvoir. La province de Québec possède un gouvernement nettement, ouvertement catholique ; tandis que le Gouvernement fédéral est entre les mains des libéraux, avec Sir Wilfrid Laurier à leur tête. Des libéraux comme ceux-là, nous voudrions les avoir en France ; Sir Wilfrid sera demain au Congrès, il prendra la parole à Notre-Dame, il assistera à la messe pontificale, il suivra la procession avec tout son Etat-Major ; il recevra chez lui le Cardinal, à Ottawa. Mais il est libéral, son discours à Notre-Dame n'aura pas la note catholique, il se contentera d'affirmer l'idée religieuse, l'existence d'une autre vie, de stigmatiser les gouvernements qui font de l'irréligion une doctrine d'Etat.

Cela ne suffit pas aux catholiques que j'ai autour de moi. Sir Wilfrid est catholique pratiquant ; il doit avoir assez de courage pour faire de ses convictions une affirmation publique; ce n'est pas seulement comme homme privé, c'est comme chef d'Etat qu'il doit se montrer catholique. L'observation que l'Etat dont il est le chef est moitié, ou au deux tiers, protestant, ne les touche pas, et ils ne sont pas loin de croire que s'il paraît au Congrès, c'est de la diplomatie pure, afin de ne pas s'aliéner les voix des catholiques. Aussi ont-ils fait la moue quand Mgr Touchet, parlant après Sir Wilfrid, l'a félicité chaleureusement, ajoutant qu'aujourd'hui, dans le monde entier, aucun Chef d'Etat n'aurait le courage de tenir un langage aussi chrétien.

Les deux partis de Canadiens français sont représentés à Montréal, l'un, le conservateur, par le journal *Le Devoir*, le libéral, par *Le Canada*. Et entre eux la lutte est très vive. La question qui les divise surtout est, ici comme ailleurs, la question scolaire.

Au Canada, l'école est presque partout confessionnelle. Dans la province de Québec, — car sur ce terrain le pouvoir fédéral n'intervient pas, — l'administration scolaire est entre les mains de deux commissions, l'une catholique, l'autre protestante. L'école publique neutre n'existe pas. Mais dans le parti libéral, il y a certainement un penchant vers ce régime, et on tâche d'y arriver progressivement. Déjà, au Manitoba, c'est chose faite, au grand scandale des catholiques. Ici, nous sommes encore loin de ce système, et vous liriez le journal du parti, *Le Canada*, que vous le soupçonneriez difficilement d'aussi noirs desseins. Pendant tout le Congrès, et sur toutes les questions religieuses, ses articles ne seraient pas déplacés dans *L'Univers*, ou *La Croix* de chez nous. Mais la tendance existe.

Déjà on vient de décider la gratuité de l'école, et c'est, disent les conservateurs, une mesure dangereuse, d'abord parce que c'est un principe faux, et surtout parce que, si l'Etat fait seul les frais de l'école, il en arrivera à ne plus tenir compte des familles. On demande davantage : l'unification des livres scolaires dans les écoles catholiques ou protestantes. De là à la neutralité de l'école, il n'y a qu'un pas.

Je n'ai pas parlé des francs-maçons ; ils

sont ici peu nombreux, et profondément méprisés. Ils n'ont qu'un seul organe hebdomadaire : *Le Pays*, et encore ce journal est-il obligé de cacher son jeu. J'en ai acheté un numéro pour savoir ce qu'il disait du Congrès. J'aurais cru lire un journal catholique. Jugez-en par ces quelques lignes : « La Ville de Montréal a été témoin, durant cette semaine, de manifestations religieuses d'un incomparable éclat et qui disent le dévouement de notre population au Saint-Siège, aussi bien que sa fidélité à la foi de nos pères. »

Vous voyez que le ton de ce journal diffère légèrement de celui de nos *Avenirs* et autres *Lanternes*. Il n'en est pas moins l'organe de la Loge. Jusqu'à ces derniers mois, on ne connaissait guère les francs-maçons, des Canadiens pervertis à Paris, où ils sont allés faire leurs études. Les journaux ont raconté comment on les avait démasqués. Je veux bien admettre que l'infâme projet du piège à tendre aux prêtres congressistes n'a pas été adopté par la Loge ; il suffit qu'il y ait été proposé.

Quelques jeunes gens de *l'Association de la Jeunesse catholique canadienne* ont joué dans cette affaire un rôle qui a fait jeter aux francs-maçons des cris d'indignation; mais à la guerre, toutes les ruses sont permises. Ils avaient loué au-dessus de la Loge un appartement dont ils avaient percé le plafond, et, à ces ouvertures, ils avaient adapté des enregistreurs de phonographe; ils ont enregistré ainsi quelques conversations édifiantes, dont il était facile de reconnaître les voix. De plus, pendant de longs soirs, ils ont fait le guet à la porte de l'antre maçonnique, bravant le froid et la neige, pour voir qui entrait ou sortait, et un jour, ils ont pu échanger, — par mégarde, évidemment, — une serviette bourrée de papiers insignifiants contre la serviette très documentée du Secrétaire de la Loge.

L'affaire a fait un tapage énorme ; pendant le Congrès il n'en a pas été question ; mais elle va être reprise. Les francs-maçons se sont bornés à coller la nuit, ici et là, de petites inscriptions outrageantes à l'adresse de catholiques.

A propos, l'Alliance française sait-elle que ses intérêts au Canada sont confiés aux pires francs-maçons? Aussi, aucun catholique n'en veut faire partie : ils ont fondé une société parallèle qui a le même but, la propagation du français, mais qui n'a pas de *mission laïque*.

Le Gouvernement fédéral ne s'est pas borné à un déjeuner ; il a offert le même soir une grande réception au Cardinal-Légat. Ce fut une cohue parfaite : aucune mesure d'ordre n'avait été prise; on s'y écrasait. Par contre, la réception organisée par la Municipalité à l'Hôtel de Ville, le lendemain soir, fut merveilleuse d'ordre, de bon ton, de distinction. Le coup d'œil dans les salons et les galeries était féerique. Ce fut un grand succès.

Maintenant le Congrès bat son plein. Après l'ouverture solennelle à la cathédrale, viennent les travaux de sections, souvent intéressants; les réunions spéciales de prêtres, de dames, d'hommes, de jeunes gens; puis les assemblées générales.

Nos hommes d'œuvres français sont à leur poste, naturellement. Ce sont des Messieurs très bien intentionnés, et qui, par leur dévouement à la cause catholique, rendent d'éminents services, c'est entendu. Comment ne pas pardonner à certains d'entre eux leurs petits travers ? L'espèce n'est pas éteinte des braves gens qui ne peuvent pas admettre qu'on puisse faire quoi que ce soit de bien en dehors d'eux, qui sont persuadés que leurs méthodes seules sauveront l'Eglise et la France. A les voir se prodiguer, on pense invinciblement à la mouche que vous savez. Et ce ton avec lequel ils prononcent leurs jugements! J'entends encore un pieux laïque, président de je ne sais quelle grande œuvre parisienne, me disant d'un évêque : « Ah! celui-là, au point de vue dogme, il est épatant! » A l'éclat de rire avec lequel j'accueillis cette observation, je crois bien qu'il a compris ce qu'avait de comique ce jugement dogmatique; du reste, je me permis d'ajouter qu'*au point de vue dogme*, tous nos évêques sont *épatants*.

Le Congrès est divisé en deux sections : la section française et la section anglaise. Les congressistes de langue française sont très nombreux ; sans parler des Français et des Belges qui forment un assez fort contingent, il y a les Canadiens français, accourus de partout, et qui tiennent à faire de ces réunions une grande manifestation religieuse sans doute, mais aussi une manifestation française. Pourquoi, hélas! les évêques de notre langue sont-ils en si petit nombre? Sur 125 évêques, il y en a au plus une quarantaine qui parlent français. Deux seulement sont venus de France, puis nous avons Mgr Heylen, de Namur, et l'évêque de Luxembourg; les autres sont des Canadiens.

L'immense majorité des évêques qui sont ici, canadiens, américains, anglais, irlandais, sont de langue anglaise. Nos frères de la nouvelle France auraient été si heureux, et si fiers, de recevoir chez eux beaucoup d'évêques français; ils avaient compté sur l'Archevêque de Paris; quelle réception enthousiaste ils lui auraient faite! On sent cela à l'empressement avec lequel ils nous accueillent. Les orateurs français, Mgr Touchet, Mgr Rumeau, M. Gerlier, M. Thellier de Poncheville, ne peuvent ouvrir la bouche sans que leur voix soit couverte par les applaudissements.

Comme ils aiment la France! Toutes les

fêtes françaises leur sont chères, même le 14 juillet, qui est célébré ici par une grande cérémonie religieuse, chez les Sulpiciens, à Notre-Dame ; et, croyez-le bien, tous les fonctionnaires français qui sont à Montréal, le Consul Général en tête, assistent à la cérémonie. Voyez-vous M. le Préfet, entouré de toutes les autorités administratives, militaires, judiciaires, assistant à à un *Te Deum* à la cathédrale, le 14 juillet? Les Canadiens professent pourtant envers l'Angleterre un loyalisme qui n'est pas suspect ; ils sont autonomes, certes, et il n'y a pas très longtemps que le Premier Ministre canadien, dans un discours public, excusait une méprise commise par le Gouverneur du Dominion, en disant que c'était un étranger, un *foreigner*. Mais ils sont colonie anglaise, et n'ont aucun désir de se ranger de nouveau sous le drapeau de la France : « Voyez ce qu'ils feraient de nos libertés, disent-ils tristement ; voyez comme ils ont traité Saint-Pierre et Miquelon ! »

Les travaux du Congrès ne sont pas tous d'un intérêt palpitant. Certes, il y a dans le nombre des études remarquables ; l'aperçu général du mouvement eucharistique dans le monde et au Canada ; l'histoire de l'Eucharistie au Canada ; l'Eucharistie chez les sauvages dans les premiers temps de la colonie, pour ne citer que ces rapports : il y a là de très belles pages, très édifiantes surtout.

Je signale aussi d'autres travaux vraiment instructifs : certaines études scripturaires, liturgiques, archéologiques ; puis ce que j'appellerai les statistiques eucharistiques ; la dévotion eucharistique dans le diocèse de Québec, par exemple. En moyenne, sur 1.000 personnes en état de communier, 6 seulement omettent la communion pascale ; cela dans les villes, car à la campagne, il n'y a pas une seule abstention. Le chiffre des communions quotidiennes est énorme : une moyenne de 20 environ dans l'année par communiant.

Il faut dire que l'assistance à la messe en semaine est très en honneur. Dans telle paroisse de 5.000 âmes, il n'y a pas moins de 500 personnes assistant tous les jours à la messe. J'ai entendu taxer de zèle inconsidéré certains curés canadiens qui font communier les enfants des écoles tous les jours, et sans préparation suffisante. Le matin, avant la classe, on les réunit à l'église, on leur donne la sainte communion avant la messe, et à l'Evangile, on les renvoie jouer un instant, sur la place, avant de rentrer en classe.

Je signalerai également une séance très instructive, qu'on a appelée la séance pédagogique, et dans laquelle on a traité exclusivement de la dévotion eucharistique dans l'éducation ; puis les séances consacrées aux Œuvres, les réunions sacerdotales, les séances des jeunes gens, des hommes. Mais il faut bien reconnaître que, comme à Cologne, on a voulu faire ici, avant tout, une grande fête eucharistique.

Les réunions de sections n'avaient lieu qu'une fois par jour ; l'après-midi se tenaient les séances spéciales. Je n'oublierai jamais l'assemblée des jeunes gens le samedi, à l'Arena, le plus grand amphithéâtre de la ville. Il y avait là 20.000 jeunes gens, tous canadiens français, car les irlandais n'ont pas encore ces associations de jeunes gens. Il en était venu de partout, avec leurs drapeaux, leurs musiques, leurs insignes ; ils avaient, dans une parade monstre, au chant de l'Hymne national : « O Canada, terre de nos aïeux ! », escorté la voiture du Cardinal Légat ; c'était un enthousiasme indescriptible.

Il y avait là un beau groupe de la Jeunesse Catholique Française, avec son président, M. Gerlier, et son drapeau, qui n'ombrageait pas seulement de jeunes fronts. J'ai reconnu parmi ces jeunes gens un général qui a été autrefois président de notre Comité de Bourges, et dont le cœur, certes, n'a pas vieilli, le Général Meyssonnier. Je ne trouve pas de termes capables d'exprimer l'émotion qui nous étreignait en entendant les cris de cette immense assemblée de jeunes gens acclamant la France et les orateurs français. « Vous voyez, s'écriait Mgr Bruchesi, nous ne désespérons pas de la France, nous sommes toujours ses enfants ; une fille ne désespère jamais de sa mère ! »

Les séances les plus intéressantes étaient pourtant les Assemblées générales du soir à Notre-Dame, des assemblées innombrables, où seuls les hommes étaient admis. C'était la grande attraction. L'estrade était occupée par tout un Concile de cardinaux et d'évêques ; les hommes politiques les plus en vue étaient à la tribune ; les orateurs les plus éloquents s'y faisaient entendre.

J'ai déjà signalé les discours de Sir Wilfrid Laurier, de Sir Lomer Gouin, de Mgr Touchet, et je ne puis que passer rapidement sur les autres discours : celui du cardinal Logue, celui de Mgr Rumeau, qui fut très goûté ; celui de l'archevêque de Saint-Paul, Mgr Ireland ; celui du Juge Sullivan, de New-York, et tant d'autres. J'ai retenu un délicieux tableau de la vie canadienne, esquissé par un député de Québec, je crois. Après avoir décrit un intérieur canadien, il disait en s'arrêtant à certains détails : « La France a passé par là ! » On sentait qu'il y avait chez tous ces orateurs canadiens une arrière-pensée qui cherchait à se faire jour : le souci de la race et de la langue françaises.

Nous en eûmes ce soir-là une démonstration éclatante. L'archevêque de Westminster, Mgr Bourne, était à la tribune. Avec le langage d'un apôtre et d'un patriote, il demandait aux Congressistes de prier pour que la langue anglaise devînt le véhicule de la foi catholique. Il n'avait pas songé à mal, certes, mais étant donnée la mentalité des Canadiens français, il y avait bien quelque témérité à s'avancer sur ce terrain brûlant.

Après lui devait parler M. Bourassa, député et directeur du journal *Le Devoir*. Et pendant que Mgr Bourne achevait son discours, je voyais Mgr Langevin, Archevêque de Saint-Boniface, l'apôtre blessé mais jamais vaincu — la parole est de lui — de la pensée française au Manitoba, faire des signes à M. Bourassa, pour qu'il ne laissât pas sans réponse le discours de l'archevêque de Westminster.

Et alors le jeune Canadien se leva. Il s'excusa d'abord dans des termes d'une courtoisie exquise de la liberté grande qu'il allait prendre, puis il prononça un discours d'une éloquence ardente, passionnée, qui, pendant une heure, tint l'auditoire haletant sous le charme... non, sous le frémissement de la sympathie, de l'admiration, de la communion enthousiaste aux mêmes idées, au même amour, au même dévouement dans la défense de la race française. Il parla de ce que la religion et la patrie doivent aux Français du Canada avec des accents que je n'oublierai jamais. Ce que je n'oublierai pas non plus, c'est la personne même de l'orateur, son talent admirable de parole, sa pensée forte et substantielle, sa diction énergique, ce visage dont l'expression toute seule parlait, ce geste, ces cris de passion qui transportaient l'auditoire.

Ah ! ce conflit de races et de langues, quelle chose touchante pour nous, et si douloureuse ! J'entendais le lendemain les conversations des Canadiens. « L'anglais, véhicule de la foi catholique ? Oui, parlons-en. L'anglais a porté la foi protestante dans le monde entier. L'Amérique protestante, l'Australie protestante, l'Inde protestante, l'Afrique du Sud protestante, grâce à l'anglais. Il y a les Irlandais catholiques, c'est vrai, mais voyez si, dans leur bouche, l'anglais a été le véhicule de la pensée catholique. Il y a aux Etats-Unis 20 millions de protestants de souche irlandaise. Si les Irlandais avaient été fidèles, les Etats-Unis seraient aujourd'hui catholiques. Même au Canada, la moitié des colons irlandais ont passé au protestantisme. Et ces lamentables défections, à quoi les devons-nous? A la langue anglaise. »

La belle passion ! Non, les Canadiens français ne deviendront jamais anglais. Mais ils sentent que le danger les menace. Ils sont encerclés par l'anglais. L'ouest du Canada, malgré les nombreuses colonies françaises, est anglais ; les écoles publiques du Manitoba sont anglaises ; certains évêques de l'Ontario sont accusés d'interdire le français dans les écoles catholiques. Dans l'est, malgré le retour et le relèvement des Acadiens, la Nouvelle Ecosse, le Nouveau Brunswick, tous ces Etats par lesquels on pénètre au Canada sont anglais; les évêques sont de langue anglaise, et, hélas ! engagés eux aussi dans ce conflit.

Ayant été invité un soir à dîner chez les Dames du Sacré-Cœur, où je devais rencontrer des Religieuses autrefois à Bourges et à Orléans, ainsi qu'une famille du Berry, je m'assis à la table des évêques hospitalisés dans la maison. Il y avait là des évêques américains ravis d'avoir une occasion de parler français ; il y avait aussi l'évêque de Saint-Jean, au Nouveau Brunsvick, un diocèse qui compte au moins 30.000 catholiques de race française. Or, il me sembla bien que ce prélat n'avait aucun plaisir à parler français.

On dirait que le français au Canada est seulement une langue tolérée, et les Anglais en arrivent à regarder comme très légitime cette sorte d'effacement humilié que les Canadiens de race gardent en leur présence.

Il y a quelques années, le cardinal Logue ayant fait visite au séminaire de Montréal, dirigé par les Sulpiciens français et dont les élèves sont en grande majorité Canadiens français, l'anglais fit tous les frais de la réception, à ce point que le Cardinal, qui avait laborieusement préparé dans notre langue une réponse à la harangue française qu'il espérait entendre, ne put se retenir d'en exprimer son étonnement.

Les réunions du Congrès ne nous empêchent pas de circuler dans la ville. Montréal est une très grande ville, la première du Canada quoiqu'elle ne soit la capitale ni du Dominion, — c'est Ottawa, — ni même de la province, — c'est Québec. Il en est de même aux Etats-Unis dont la capitale est Washington ; New-York n'est pas même la capitale de l'Etat du même nom ; c'est Albany.

Montréal a plus de 600.000 âmes. La population se compose d'un nombre considérable de Juifs, plus de 40.000 ; juifs pauvres qui grouillent dans leur getto, israélites riches qui envahissent les quartiers distingués. Il y a également, comme dans toutes les grandes villes américaines, des colonies de toutes les races : allemands, italiens, polonais, syriens, etc.

Les Chinois y sont assez nombreux. Ils ont la spécialité du blanchissage. Généralement, au coin des rues, vous apercevez une échoppe de blanchisseur ; regardez par la fenêtre, vous verrez des têtes de Chinois penchées sur des pièces de linge qu'ils repassent. Ils travaillent beaucoup la nuit. Mais ils ont un quartier à eux, avec leurs boutiques, leurs restaurants, dont les enseignes sont en caractères chinois. Le dimanche, vous les voyez se promener sans bruit, deux par deux, la tresse pendant sur le dos, ou roulée autour de la tête, vêtus seulement d'une blouse et d'un pantalon de lustrine noire ; plutôt timides, comme s'ils cherchaient à se faire pardonner leur présence. Quelques-uns sont catholiques, et nous les verrons en groupe figurer à la procession. Je ne crois pas qu'ils possèdent un journal chinois, mais les juifs ont le leur, imprimé en caractères hébraïques, comme ils ont leurs enseignes, leurs réclames, leurs affiches de théâtre, tout cela en hébreu, c'est-à-dire dans ce mauvais allemand habillé d'hébreu qui est devenu leur langue.

On ne voit pas d'Iroquois à Montréal. Rien ne blesse les Canadiens comme de rencontrer des étrangers qui semblent les prendre pour des sauvages, et qui s'imaginent qu'on va leur montrer partout des tomawhacs et des bonnets à plumes. Il y a encore quelques colonies d'Iroquois ; à Oka, par exemple, où, à la suite d'un conflit avec le clergé de la paroisse, la plupart sont devenus protestants, et surtout à Caughnawaga, près de Montréal. Ils ont encore le type indien très accentué, mais leur costume de sauvages est seulement un costume de parade. Nous en verrons un groupe respectable à la procession ; toutefois les chefs seuls porteront l'antique costume.

J'ai fait dans mon couvent une rencontre singulière. Après dîner, au fumoir, Mgr Roy me présente un catholique éminent de Québec, Président des Conférences de Saint-Vincent de Paul, professeur à l'Ecole normale, directeur de la Revue l'Enseignement primaire, etc., M. Magnan. Comme il entend parler de Saint-Amand. — « Mais je connais Saint-Amand, » me dit-il.

Envoyé par son gouvernement pour étudier les méthodes pédagogiques en Europe, il a fait l'an dernier un voyage en France. Et il est venu à Saint-Amand, où il était attiré par un inspecteur primaire, M. Ab der H., qui s'était fait connaître par ses études sur la littérature canadienne. Il me donne des noms ; il est descendu à l'Hôtel de la Poste, il a fait une longue visite à l'école primaire, où il a été reçu comme un frère. Il y a beaucoup apprécié les méthodes d'enseignement, mais il n'a pu se retenir d'exprimer son étonnement, que rien, dans cette éducation, n'élevât l'âme des enfants vers un idéal surhumain. — « Pas de religion. pas de Christ ? disait-il ; comment comblerez-vous cette lacune ? » Et ils répondaient : « Nous faisons appel au respect de l'humanité..., au sentiment de l'honneur... » — M. Magnon a raconté cette visite dans le volumineux rapport qu'il a publié à son retour, et qu'il va m'envoyer ; et, précisement, la livraison du « Volume » du 27 août, qui vient d'arriver à Montréal, contient un article de M. Ab der H., sur le rapport de M. Magnon, article sympathique, avec les réserves discrètes qu'on imagine sur les idées religieuses du distingué Canadien.

M. Magnon ajoute ce trait délicieux. Il avait fait sa visite un samedi soir, veille des Rameaux, et le lendemain matin, après une messe basse, il quittait Saint-Amand, sans avoir pu assister à la bénédiction des Rameaux. Or, un petit garçon qui se trouvait sur la place de l'église, le voyant partir sans son buis bénit, court à lui et lui présentant un rameau qu'il venait d'acheter : « Tenez, Monsieur, emportez ce buis en souvenir de votre visite, il vous portera bonheur. » M. Magnon a conservé son rameau, et à part moi, je pense : Bon petit enfant, va, je te retrouverai pour te dire tout le plaisir que tu m'as causé.

Le Congrès de Montréal, ce sont surtout les manifestations religieuses qui l'ont accompagné et en ont été le couronnement.

Il y eut, comme à Londres, une procession d'enfants. Des milliers et des milliers d'enfants, en habits de fête, ou costumés, portant des bannières et des fleurs, ont défilé devant le Cardinal-Légat assis sur un trône, entouré d'évêques, sur le perron de la Cathédrale. Il eût été impossible de recevoir tous ces enfants dans une église. Ils chantaient des cantiques, et, arrivés devant le Cardinal, poussaient des vivats frénétiques. Le défilé dura 4 ou 5 heures. Ces fêtes d'enfants sont toujours ravissantes. Il est impossible de rester insensible devant cette fraîcheur de sentiments et cette joie exubérante.

Le lendemain, il y avait messe pontificale en plein air au Mont Royal, sur le reposoir où devait aboutir la procession. Le spectacle fut merveilleux. Près de l'autel, le trône du Cardinal, où il assiste pontificalement, pendant que l'Archevêque de New-York célèbre. De chaque côté du reposoir, des tribunes sur lesquelles s'étagent à droite, les surplis des prêtres et les *mantellette* des évêques; à gauche, les centaines de choristes chargés des chants. A l'évangile, l'Archevêque de Boston prend la parole en anglais, et après la messe, c'est le P. Hage qui prononce l'allocution française.

Il y a 258 ans, le 18 mai 1642, une messe était célébrée en plein air, sur ce rivage où s'élève aujourd'hui Montréal. Sur un autel rustique adossé à une croix arrachée à la forêt voisine, l'héroïque Maisonneuve faisait célébrer le saint sacrifice par l'un des missionnaires qui l'accompagnaient. Aujourd'hui, sur ce même rivage, c'est également une messe qui se célèbre en plein air. Mais quelle transformation ! Dans la bouche du brillant orateur, on imagine à quelles éloquentes considérations ce rapprochement pouvait donner lieu.

Devant le reposoir, sur la plaine immense que domine le Mont Royal, les fidèles, par centaines de mille, étaient massés, car déjà les pèlerins arrivaient en multitudes pour assister à la procession du lendemain. Le

C. T. R., à lui seul, avait amené plus de 200.000 visiteurs, et il y a trois lignes de chemins de fer qui aboutissent à Montréal, sans compter les bateaux, sans compter les pèlerins qui venaient en voiture.

Le dimanche matin, les préparatifs de la grande fête sont à peu près terminés. On y a travaillé jour et nuit; le Comité du Congrès a dépensé 500.000 francs, et les habitants en ont bien dépensé autant. La ville disparaît sous les trophées, les tentures, les oriflammes, les guirlandes de lampes électriques de toutes couleurs.

Le matin, à la Cathédrale, le Légat célèbre pontificalement, en présence du monde officiel et devant une foule compacte. Le Cardinal Gibbons parle à l'évangile, et Mgr Touchet à la fin de la messe. Puis un dîner nous est offert chez les Sœurs Grises, une communauté hospitalière et enseignante fondée au XVIIIe siècle par une canadienne. Je me trouve à côté des évêques ruthènes, celui de Lemberg, en Galicie autrichienne, et l'évêque qui, en Amérique, a la charge des milliers de Ruthènes catholiques, les Uniates qu'on rencontre à New York et dans toutes les grandes villes. Lui aussi se plaint du manque de prêtres. Il y a dans le Nord-Ouest du Canada 35.000 Uniates qui n'ont pas de pasteurs, et qui passeraient plutôt au schisme que de fréquenter une église latine. Et le gouvernement russe dépense chaque année des sommes considérables pour entretenir en Amérique un clergé dont la mission est avant tout d'attirer les Uniates à l'église orthodoxe schismatique.

Tous les journaux ont décrit la fête triomphale que fut la procession. Je ne pense pas que jamais, à aucune époque, et dans aucune ville du monde, la Sainte-Eucharistie ait été l'objet d'une manifestation comparable à cette procession de Montréal.

Les spectateurs par centaines de mille à

toutes les fenêtres, sur tous les balcons, sur tous les toits, remplissant les gradins élevés sur tout le parcours; le cortège interminable de sociétés catholiques de tout vocable, avec leurs bannières et leurs insignes, ces représentants de toutes les nations, ces centaines de religieux de tous ordres et de tous costumes, ces deux mille prêtres, ces 1.200 enfants de chœur, ces 125 évêques, et derrière le dais, toutes les plus hautes autorités du pays; au son des cloches de toutes les églises, sur un sol jonché de fleurs; ces arcs de triomphe de très bon goût; ces chœurs de jeunes filles groupés de distance en distance et accompagnant la procession de chants pieux ininterrompus; tout cela est vraiment indescriptible. Le drapeau de la France était là entouré des congressistes français, et il était salué par des acclamations.

Lorsque le dais arriva au reposoir du Mont Royal, il y avait 6 heures que la procession s'était ébranlée et 3 heures que le Saint-Sacrement était sorti de Notre-Dame. La parole est impuissante à dire l'impression qui nous écrasait. La nuit était venue. Le reposoir, embrasé par des milliers de lumières électriques, dominait la plaine immense, noire de monde, et la ville, et le fleuve majestueux, et, par la pensée, le monde entier ; et de là-haut l'Hostie Sainte traçait comme une croix gigantesque sur le front de ces foules agenouillées, mais qui se relevèrent bientôt pour lancer au ciel les acclamations de louange, d'amour, de reconnaissance, de prière, que l'Archevêque de Montréal leur proposait.

Et maintenant, aux splendides décorations qui, toute la journée, par le plus beau soleil qu'on pût rêver, avaient donné à la ville comme un vêtement de fête, succédaient les décorations plus merveilleuses encore de la lumière électrique. C'était une féerie, un éblouissement.

La fête n'est pas terminée, mes amis

veulent m'entraîner pour jouir des illuminations ; ce soir il y a au Mont Saint-Louis le banquet des Zouaves pontificaux : la Jeunesse Catholique y sera, le général Meyssonnier prendra la parole ; à 11 heures du soir, le Cardinal-Légat, infatigable, y fera une apparition ; ce sera un enthousiasme indescriptible. Mais je me sens impuissant à supporter ce surcroît d'émotion. Je ne veux plus rien voir, rien entendre, et, incapable même de trouver une parole pour rendre les sentiments dont mon âme est remplie, les yeux pleins de larmes, je cherche dans le silence et la solitude le repos dont tout mon être a besoin.

Je comprends l'Archevêque de Montréal disant le soir, au banquet des Zouaves : « Maintenant, je puis chanter le *Nunc dimittis !* »

CHAPITRE VII

NIAGARA FALLS

Toronto. — Le calice de Mgr de Charbonnel. — Le lac Ontario. — Les deux villes de Niagara — Les chutes. — L'armée du Salut. — La ville canadienne. — Les Carmes. — Souvenirs des missionnaires français. — L'Académie de Lorette. — Le curé italien. — Les « Power Houses ».

J'ai quitté Montréal dès le lendemain, conduit à la gare par le cher Frère Rieul, que je voudrais emmener avec moi. Au moins je raconterai à sa vieille mère les bonnes journées passées près de lui. Elle croira que c'est quelque chose de son enfant que je lui rapporte.

Décidément je n'irai pas à Chicago, bien que le Rectory du Bon-Pasteur, avisé par une lettre de New York, m'attende là-bas avec son hospitalité si fraternelle. Je n'ai plus qu'une dizaine de jours à passer en Amérique, et Chicago est à deux jours de chemin de fer de Montréal ; il me serait difficile d'ajouter ce numéro à mon programme déjà très chargé. Je ne remonterai pas non plus le Saint-Laurent en bateau, malgré le charme de ses *mille îles* ; c'est un voyage interminable, et monotone après quelques heures de navigation ; du chemin de fer qui longe les rives du fleuve, je verrai assez de ce paysage.

Pendant le trajet, j'aborde un ecclésiastique et lui demande à quel hôtel je puis descendre à Toronto. « — Bien, mais pas à l'hôtel du tout, venez à la Cathédrale. Voyez, moi, je suis de London, Ontario ; mais je descends au presbytère de la Cathédrale ; venez, vous y serez bien reçu. » — Je n'ose pourtant pas me permettre cette liberté et je vais à l'hôtel. Seulement, le lendemain matin, je viens dire la messe à la Cathédrale, et je retrouve là mon compagnon de voyage. L'Archevêque, malade, est aux bains de mer ; le curé est à Montréal, mais le premier vicaire me fait l'accueil le plus cordial. Je vois dans le salon, parmi les portraits des évêques, celui de Mgr de Charbonnel, que j'ai connu dans ma jeunesse à Bourges.

C'était un Sulpicien français ; envoyé au Canada, il fut le second évêque de Toronto, en 1850, alors que cette ville n'était guère qu'une bourgade. Il résigna son évêché au bout de quelques années, après avoir soutenu une lutte acharnée contre le gouvernement protestant, et conquis pour ses catholiques la liberté d'enseignement. Puis il revint en France, où il entra chez les Capucins : il y a de cela une quarantaine d'années. Ceux qui l'ont connu n'ont pas oublié cette figure de missionnaire énergique, originale, avec un humour sans égal. Je me souviens d'un sermon de lui sur la transfiguration de N.S., sa division : ceux qui se figurent, ceux qui se défigurent, ceux qui se transfigurent. Je crois bien qu'à Toronto, on le connaît moins qu'en France. Ce pays est exclusivement de langue anglaise ; il n'y a guère qu'un groupe de Canadiens français ; et déjà, à l'époque où Mgr de Charbonnel était évêque, le conflit de races se faisait sentir ; je crois même que ce fut la raison pour laquelle il dut céder son poste à un prélat de langue anglaise.

A déjeuner, j'apprends à mes hôtes que je viens de dire la messe avec un calice qui lui a appartenu, qui lui a été donné par le Pape Pie IX : un très beau calice, et d'une forme peu commune. C'est le sacristain, un Canadien, qui, après la messe, me fait lire l'inscription qui rappelle ce souvenir. Les prêtres de la cathédrale ne l'avaient jamais aperçue.

Ce calice a une histoire, que Mgr de Charbonnel se plaisait à raconter.

Il se trouvait un jour au Vatican, reçu en audience par le Pape Pie IX. L'audience terminée, le Pape conduisit l'évêque dans un salon où étaient réunis des vases sacrés, des ornements de toutes sortes, offrandes des catholiques pour les missions pauvres, et le pria de choisir l'objet qui lui convenait. L'évêque prit alors un beau ciboire, et, le tenant de la main gauche, il s'écria : « *Quid retribuam Domino pro omnibus quæ retribuit mihi* ? — Que vous rendrai-je, Seigneur, pour les faveurs dont vous m'avez comblé? *Calicem salutaris accipiam* ! je prendrai le calice du salut ! » et en même temps, de la main droite, il saisissait le plus beau calice de la collection. Pie IX, qui savait goûter les traits d'esprit, et qui était lui-même très spirituel, fut ravi de la dextérité avec laquelle le bon missionnaire interprétait les paroles liturgiques, et Mgr de Charbonnel quitta le Vatican chargé de son précieux butin.

C'est ce calice que, d'après l'inscription,

l'évêque laissa à son successeur et ami, Mgr Lynch, et que je signale à mes confrères de Toronto comme un des plus jolis souvenirs de leur cathédrale.

Mais ils paraissent beaucoup moins curieux que moi, et il m'est impossible d'obtenir d'eux aucun renseignement sur la fondation de cette Eglise par des missionnaires français. Aujourd'hui Toronto est une très grande ville, plus de 400.000 âmes, et toute américaine. Il n'y a guère qu'un dixième de catholiques. L'archidiocèse de Toronto n'a pas encore de séminaire, mais un riche Canadien irlandais vient de donner 300.000 dollars pour cette fondation. On va construire un monument qui pourra rivaliser avec l'Université.

C'est ici que j'apprends la solution d'une question qui agite les esprits depuis de longs mois. Il y a plus d'un an que l'Archevêque d'Ottawa est mort, et son successeur n'était pas encore nommé ; toujours le conflit de races : les Canadiens français demandant un archevêque de leur langue, les Irlandais présentant un candidat de langue anglaise. Ce sont eux qui l'ont emporté ; l'archevêque de Kingston ira à Ottawa, seulement il porte un nom français, il s'appelle Gautier ; l'archiprêtre de la cathédrale de Montréal s'appelle lui-même Gautier et on pourra les confondre ; ce sera une fiche de consolation pour nos Canadiens.

Dans la journée, ma valise enfin retrouvée, — par la suite de l'encombrement elle était restée en panne à Montréal, — je m'embarque sur le beau lac Ontario, une vraie mer, et pourtant le plus petit des grands lacs qui séparent le Canada des Etats-Unis. Je vais au Niagara. Ce n'est pas la nature qui m'intéresse le plus en Amérique, mais il faut bien faire un peu de tourisme. Aller au Canada sans avoir vu les chutes du Niagara, ce serait impardonnable. « *Il faut voir Niéguéra !* »

Les touristes sont nombreux sur le bateau, mais je n'y connais âme qui vive. Nous débarquons aux rapides et nous remontons en chemin de fer jusqu'à la ville de Niagara-Falls. Je devrais dire la double ville, car il y a le côté canadien, calme, paisible, un séjour de villégiature, et la rive américaine, bruyante, agitée, affairée. Seul ou à peu près, je suis descendu chez les Canadiens, dans un hôtel qui fait exactement face aux chutes. C'est une situation unique pour un voyageur qui voudrait faire ici un séjour de longue haleine, dans la contemplation de cet admirable spectacle.

C'est en effet admirable, et pourtant, ma première impression est presque une déception. Je ne dirai pas comme l'Anglais à qui on demandait ce qu'il avait vu au Niagara : « *Beaucoupe d'eau! beaucoupe d'eau!* » A une certaine distance, il semble qu'il n'y ait pas assez d'eau, que la chute ne soit pas assez élevée, que la masse d'eau qui se pré-

11

cipite dans le gouffre ne soit pas assez imposante. Lorsque j'ai vu pour la première fois, il y a bien longtemps, la chute du Rhin à Schaffouse, j'ai été presque aussi fortement remué qu'aujourd'hui, seulement, la seconde fois, le spectacle m'avait paru moins écrasant de grandeur. Tandis qu'au Niagara, la scène gagne à être contemplée longuement, vue sous toutes ses faces. La contemplation de ces flots qui s'abîment avec fracas, toujours, sans interruption, éternellement, avec ce grondement de tonnerre formidable, toujours le même, vous fascine comme la contemplation de la mer, ou des plus grands spectacles de la nature.

Dans la soirée, j'ai suivi les rapides, je suis allé jusqu'au *Whirlpool,* le tourbillon ; j'ai vu de près les deux chutes, l'une de 350 mètres de large et de 56 mètres de haut, l'autre de 52 mètres de haut mais d'une étendue de 850 mètres ; je suis descendu, revêtu de caoutchouc des pieds à la tête, dans ce tunnel creusé dans le roc et par lequel on arrive sous la chute elle-même, anéanti par cet épouvantable fracas que l'oreille ne peut supporter, et alors ce premier sentiment de déception avait disparu. Pourquoi faut-il que des souvenirs comiques viennent se mêler à ces impressions d'épouvante ? En descendant dans ces profondeurs, éclairées vaguement par quelques lampes électriques, je n'ai pu m'empêcher de songer à la Suisse truquée de Tartarin, à ces précipices au fond desquels il va trouver un portier d'hôtel tout galonné d'or, qui lui demande : « Monsieur a des bagages ? »

Le soir, je vais me promener dans la ville américaine, pleine de bruit et aveuglante de lumières. Au coin d'une rue, un groupe me retient. C'est un détachement de l'Armée du Salut, hommes et femmes, qui, armés d'instruments de musique de toute sorte, attirent les passants. Le morceau terminé, le chef d'orchestre annonce qu'ils vont chanter un cantique. Quel cantique ? Il cherche dans sa mémoire... il interroge à droite et à gauche... il a trouvé :

« Seigneur ! je veux t'aimer, etc. ».

Mais avant de le chanter, il adresse au public une exhortation. Il raconte l'histoire d'un pauvre diable d'ivrogne, misérable, désespéré, décidé à se suicider, qu'il a rencontré à New York, qu'il a converti, et qui est aujourd'hui le plus heureux des hommes. Suit l'application. Mais il dit tout cela sur un ton de sacripant, avec une voix de pitre, et il entremêle son sermon de drôleries qui font pouffer de rire l'élément féminin de la troupe. Après quoi il annonce qu'il va faire la quête. « *Let's make the collection.* »

Il est reçu dans nos milieux catholiques, de plaisanter agréablement ou amèrement ces quêtes, condiment obligé de toute cérémonie religieuse. Je conseille à ces critiques d'aller faire un tour en Amérique et d'y fréquenter les églises ; ils apprécieront notre discrétion.

Là-bas, la quête n'est pas, comme chez nous, une formalité, déplaisante sans doute, mais qui ne tire pas à conséquence, puisqu'elle se fait au moyen d'une bourse profonde et opaque, dans laquelle vous pouvez ne jeter qu'un sou, et moins encore. En Amérique, elle se fait à plateau ouvert, et si vous vous permettiez d'y déposer moins d'une pièce blanche de dimensions convenables, vous seriez très mal noté.

Du reste, la quête sévit encore avec plus d'intensité dans les églises protestantes que chez nous, et les plaisanteries de nos frères séparés, sur la dextérité de leurs pasteurs à faire la quête, sont quelquefois bien amusantes. J'ai retenu celle-ci. Sur l'Océan déchaîné un navire est en perdition. Les passagers affolés, sentant qu'ils vont périr, se groupent autour d'un pasteur, un *parson*, et le supplient d'organiser un service religieux pour implorer la protection d'En-Haut. — « Récitez une prière ! » lui disent-ils. — « Hélas, reprend le Pasteur, j'ai oublié mon *prayer book*. » — Alors, chantons un cantique ! » reprennent-ils. — « Mais, je n'en sais aucun par cœur ». — « Mais, de grâce, quelque autre chose, ce que vous voudrez, un acte du culte quelconque ! » — « Eh bien ! *let's make the collection* ! » — C'était le seul exercice religieux qu'il sût faire par cœur.

Je laisse mon prédicateur faire sa quête et je continue ma promenade. La nuit est merveilleuse. On s'attarderait des heures sur la rive du fleuve, dans ce parc qui semble planté sur les eaux, appuyé sur la barrière qui surplombe la chute, respirant la vapeur bienfaisante qui, remontant du gouffre où s'abîme et se pulvérise la masse liquide, vous rafraîchit et repose vos membres.

La ville canadienne est sur la hauteur, à deux cents mètres des chutes. Il y a là une église nouvelle très élégante, et un presbytère-cottage des plus confortables. La paroisse est desservie par un Père Carme, qui n'est pas encore revenu de Montréal. Mais le couvent des Carmes est à environ 2 milles de là, avec la vieille petite chapelle qui a été longtemps l'unique sanctuaire catholique de cette région. Je trouverai là de quoi me documenter.

Au moment où je sonne au monastère, les Religieux viennent de se mettre à table. Il me faut accepter leur déjeuner. Et c'est très intéressant. Le monastère est une vieille maison, mais admirablement perchée, juste au-dessus des rapides furieux dont les eaux vont tout à l'heure se précipiter dans l'abîme. Du balcon, la vue est merveilleuse. Ils sont là cinq ou six, des Américains, sauf deux Italiens, dont l'un vient d'arriver, pauvre jeune homme qui ne sait encore pas un mot d'anglais et qui a l'air de s'ennuyer beaucoup. Un des Pères parle l'allemand. Il y a dans le voisinage une forte colonie italienne, et aussi un bon nombre d'allemands catholiques, répandus dans la campagne. Tous les dimanches, les Pères vont porter à ces pauvres émigrés les consolations de la religion.

D'ailleurs ils ont de beaux projets. Ils veulent construire une édifice grandiose qui comprendra une église, un noviciat, un asile pour les pèlerins. Déjà une aile de ce futur édifice est bâtie. Mais les fonds manquent pour réaliser ces espérances ambitieuses. Et le bâtiment déjà construit est loué à un maître d'hôtel. Il porte le beau nom d'hospice, dans le sens littéral de l'*hospitium* latin : maison d'hôtes. Ce sont des hôtes payants, sans doute, mais je souhaite à mes frères fatigués, qui cherchent un asile de tout repos, d'aborder à ce seuil hospitalier.

Dans le projet des Pères, la petite chapelle

de bois disparaîtrait, et ce serait vraiment dommage, car, si pauvre qu'elle soit, c'est une sainte relique, le premier temple élevé dans cette région par un missionnaire français. Son nom? Aucun des Pères ne peut me trouver ce renseignement ; je vois seulement dans la chapelle une pierre tombale érigée à la mémoire d'un M. Jubel, prêtre de Normandie, mort de misère ici, à l'âge de 28 ans, le 10 janvier 1862.

On ne peut faire un pas dans ce pays sans trouver le nom d'un Français, explorateur et missionnaire. Mais les successeurs de ces héros n'ont pas le culte des souvenirs que je recherche : ils ne savent pas grand chose de cette histoire. Ce pays, évangélisé par des prêtres catholiques français, est devenu un pays anglais et presque entièrement protestant. Je trouve pourtant au Prospect Park un monument, une simple inscription sur un rocher, que j'ai copiée et que je traduis : « *Près d'ici a paru le Père Louis Henne-*

pin, missionnaire fransciscain et chroniqueur de l'Expédition de La Salle, 1678-1679. Il fut le premier qui prêcha l'Evangile dans la région du Niagara, et le premier blanc qui visita et décrivit les chutes. Erigée par les Chevaliers de Colomb, 1910.

Aux Etats-Unis, on ferait une longue liste des villes qui portent des noms français ; c'est la France qui a passé là ; hélas ! elle n'y a pas laissé d'empreinte, elle a seulement ouvert le chemin à la civilisation ; ce sont les Anglais, et avec eux le protestantisme, qui nous ont remplacés.

Près de l'Hospice du Mont Carmel, j'ai été accueilli avec un empressement qui m'a rempli de confusion dans une maison dont le nom eût fait tressaillir d'aise mon ami D. : à l'Académie de Lorette. Allez donc soutenir encore que Lorette n'est pas un fait historique ; voilà les Académies qui se placent sous ce patronage ! Je dois avouer qu'il s'agit ici simplement d'un pensionnat de jeunes filles. En Amérique, je crois l'avoir déjà dit, les termes très ambitieux d'Institut, d'Académie et même d'Université, servent quelquefois à désigner des établissements assez modestes. Il n'y a que le mot « Collège » devant lequel les Américains éprouvent une certaine vénération, et, point à retenir, ce vocable est plutôt réservé aux établissements féminins ; *Trinity College* : un Américain ne s'y trompera pas, c'est un collège supérieur de jeunes filles.

L'Académie de Lorette est donc un pensionnat, mais un pensionnat modèle, dans le paysage le plus extraordinaire que vous puissiez rêver, au-dessus des chutes du Niagara.

Introduit au salon, j'y trouve une jeune fille qui fait de la musique. C'est une ancienne élève ; elle est de Buffalo, et elle est revenue passer quelques jours avec ses compagnes. Elle est toute fière de me dire qu'elle s'est convertie au catholicisme l'été dernier. — « Et votre père, est-il catholique? » — « Bien, *he should be* ; il devrait l'être, car c'est un Irlandais ; mais il a épousé une protestante, et toute la famille est protestante. » — Pendant ce temps arrive la Supérieure, qui me fait visiter la maison, qui m'offre à déjeuner, qui voudrait me retenir. Elle appartient à une congrégation irlandaise. On n'apprend guère le français ici. Il y a pourtant une ou deux religieuses qui le savent. Les élèves sont peu nombreuses, 80 en tout, mais quel séjour merveilleux ! La Supérieure me fait admirer la chapelle, les classes, les belles peintures qui sont l'œuvre des maîtresses et des élèves. Elle me confie qu'elle a lu autrefois la description du Niagara dans Chateaubriand.

Du côté américain on vous fait visiter les îles ravissantes éparses sur les rapides. Mais je veux voir autre chose. Et j'aborde dans la rue un ecclésiastique qui pourra me renseigner. C'est le curé de la paroisse italienne.

La ville américaine ne compte pas moins de 40.000 habitants. Il y a 20 ans, il y en avait 5.000. Et le flot des émigrants monte toujours. Il y a 5 paroisses catholiques, dont une de Polonais, très florissante, avec une belle église, des prêtres polonais, des sœurs polonaises pour l'école; ils sont près de 4.000.

La paroisse italienne est plus pauvre, c'est une nouvelle fondation. Il y a bien 3.000 Italiens, mais ce ne sont que des ouvriers. Il y a 25 ans que ce prêtre, natif de Florence, se dévoue au ministère des émigrés italiens en Amérique. Il est plein d'espoir dans l'avenir; il n'a pas encore d'école, et c'est une grande lacune, car un certain nombre des enfants qui fréquentent les écoles publiques sont attirés au protestantisme, mais la situation s'améliore.

Je passe avec lui toute la soirée. J'aurais voulu visiter la *Niagara University*, car il y a, comme partout en Amérique, une Université à Niagara-Falls, c'est-à-dire un collège très prospère, dirigé par les PP. Lazaristes, et d'où sont sortis nombre de personnages éminents, comme l'Archevêque de Chicago, les évêques de Kansas City, de Peoria, de Columbus, et, parmi les laïques, l'Hon. Adam Pothier, Gouverneur de Rhode Island, des juges, des médecins célèbres, etc.

Mais mon compagnon préfère me conduire aux *Power-Houses*, les usines de force électrique actionnées par les eaux du Niagara et qui fournissent l'énergie à 200 milles à la ronde. Les Gouvernements du Canada et des Etats-Unis ont autorisé la captation des eaux du fleuve jusqu'à la limite de 750.000 chevaux-vapeur, et déjà les compagnies qui se sont formées pour l'exploitation de cette houille blanche en produisent près de 300.000.

On nous fait tout voir, depuis les salles immenses où d'énormes dynamos tournent avec une vitesse invraisemblable, jusqu'aux souterrains profonds où des tuyaux gigantesques amènent l'eau qui actionne les turbines. Il faudrait être ingénieur pour se rendre compte de ces merveilles de la science, mais je suis frappé de voir combien, dans toute cette machinerie, la main-d'œuvre est économisée. C'est à peine si, dans les halls et dans les souterrains, vous rencontrez quelques ouvriers. L'eau est prise assez loin au-dessus des chutes et amenée aux usines par des canaux ; de la sorte on a détourné du fleuve environ 4 0/0 de sa masse d'eau, et la beauté des chutes ne paraît pas avoir souffert de cette diminution. L'eau est rendue à la rivière par un canal creusé sous la ville.

CHAPITRE VIII

PHILADELPHIE

Les Indiens. — Les rives de l'Hudson. — Passage à New York. — « The city of Homes ». — L'archevêque Ryan. — Les Quakers. — Les écoles à Philadelphie. — Rencontre de Congressistes. — La Presse américaine. — Une paroisse de gens de couleur. — Un intérieur nègre. — Visite de la Ville. — « Independance Hall ». — Les catholiques à Philadelphie. — Une soirée au presbytère. — Organisation paroissiale.

Mon séjour aux *Falls* avait été un peu plus long que je ne l'avais prévu. Il me restait huit jours à peine à passer en Amérique. L'évêque d'Albany que j'avais rencontré chez les Dames du Sacré-Cœur, m'avait invité à m'arrêter dans sa ville épiscopale. Albany est en effet sur ma route. C'est une ville très intéressante, la capitale de l'Etat de New York, avec un Capitole et un Hôtel de ville remarquables. Puis il y a dans les environs de belles montagnes, des lacs perchés à une altitude de 1.500 à 1.800 mètres. Il y a surtout, comme partout en Amérique, le souvenir des missionnaires français qui ont évangélisé ce pays.

Précisément, Mgr d'Orléans est attendu; il verra la contrée que le P. Jogues, un Jésuite originaire de l'Orléanais, arrosa de son sang ; les Indiens, il y en a encore, petits-fils des sauvages qui massacrèrent ce martyr de la foi, lui préparent une belle réception. Le programme est bien tentant, mais les Indiens, je les ai vus à Montréal. Aux Falls, je n'en ai pas rencontrés. Ils existent pourtant encore dans toute cette région et on vend partout de ces menus ouvrages qu'ils fabriquent. Je rapporte précisément, pour une de mes amis, un calumet représentant une belle tête de Peau Rouge, surmontée du diadème à plumes éclatantes. Il prétend qu'il n'y a encore que le calumet pour mettre la paix dans un ménage.

Et puis je n'ai plus le temps. Je sacrifie donc Albany. Ou plutôt j'y passerai nécessairement. Mais je ne m'y arrêterai pas. Et même, au lieu de descendre à partir d'Albany la rivière en bateau, comme vont faire les touristes des agences, un voyage superbe, mais qui durera toute une journée, je me décide à filer directement sur New-York, la nuit, en *sleeper*. Je ne verrai pas les belles rives de l'Hudson bordées de parcs et de villas. Je ne dis pas de châteaux. Les milliardaires américains, ne pouvant rien faire comme tout le monde, se bâtissent bien des castels comme les châteaux de la Touraine, mais ils les placent à New York. A la campagne, ils se contentent de riants cottages, moins prétentieux, mais sans doute beaucoup plus confortables. N'ont ils pas raison ? Je me console en songeant que j'ai suivi les bords du Rhin, de Mayence à Cologne, et que le voyage m'a paru interminable.

A la gare de Niagara-Falls je rencontre Mgr d'Angers, que j'avais à peine revu depuis notre commun séjour à New York. Il a planté là son agence et il rentre par les voies les plus rapides à New York, où il doit s'embarquer le lendemain sur la « La Savoie ». J'aurai l'honneur de l'accompagner jusqu'au bateau. Nous nous installons dans le Pullmann et, 13 heures après, nous nous réveillons à New York après avoir avoir parcouru plus de 800 kilomètres.

Je ne fais du reste que passer ici. Le temps de faire quelques courses, de retenir ma place sur « La Lorraine » que je retrouverai dans huit jours, et en route pour Philadelphie. Le chemin de fer de Pennsylvanie qui vous y conduit en deux heures et demie, a sa gare de l'autre côté de l'Hudson, à Jersey-City, mais grâce aux bateaux transbordeurs (ferry boats) qui traversent la rivière, sillonnée jour et nuit de centaines de navires, c'est comme si vous preniez votre place à New-York même. Il arrive pourtant des accidents dans ce trajet d'une rive à l'autre. Quelques jours après notre départ, ou plutôt quelques nuits, car je crois que c'est la nuit que la catastrophe s'est produite, un ferry boat est entré en collision avec un bateau de la marine et une soixantaine de matelots ont perdu la vie.

Philadelphie est une très grande ville : 1.500.000 habitants, et une très belle ville. Les rues m'ont paru plus larges, mieux pavées, mieux tenues qu'à New York. Il ne manque pas ici de familles françaises, et dans le nombre, j'en connais bien quelques unes, mais je ne sais pas leur adresse, et si mon bon ange ne me fait pas trouver un ami, je suis très exposé à ne voir que des façades, des statues et des magasins, avec mon Bædeker pour toute référence.

Ma première visite est pour la Cathédrale, une belle copie de l'église S. Carlo al Corso de Rome. Après ma visite, un sacristain qui m'aperçoit me conduit tout naturellement, à travers une chapelle qui sert de réunion aux différentes sodalités, à la résidence archipiscopale attenante à la Cathédrale. Sauf de rares exceptions, comme à Boston, il en est ainsi partout aux Etats-Unis et en Angleterre, l'évêque étant considéré comme le premier curé de sa cathédrale. Il habite là avec tout le clergé de la paroisse, comme dans une communauté.

L'Archevêque de Philadelphie, Mgr Ryan, m'accueille avec une très grande affabilité ; il porte la bonté sur son visage. En Amérique, et, je crois bien, dans les pays de langue anglaise en général, on ne connaît guère ce titre de Monseigneur, qui désigne plutôt les prélats romains. Quand on parle d'un évêque, on dit simplement l'Evêque ou l'Archevêque un tel ; *Archbishop*

Ryan, comme on dirait le Chanoine X. Même quand on leur adresse la parole, on dit : *Bishop ! Archbishop !* comme on disait chez nous au Moyen Age. Cependant, dans le langage très officiel, les catholiques diront *My Lord*, *Votre Grâce*, *Sa Seigneurie*.

L'archevêque Ryan est un beau vieillard, de près de 80 ans. Il me parle de Montréal, où il n'a pas pu se rendre à cause de son grand âge, de la France à laquelle, en sa qualité d'Irlandais, il s'intéresse vivement. Il n'est pas Américain né, c'est un émigré, il est né en Irlande. Il me parle de son diocèse, un des plus beaux d'Amérique, de sa ville épiscopale avec ses 350.000 catholiques et ses 150 paroisses, de ses séminaires, etc... Il a deux évêques auxiliaires, si l'on peut compter cnmme auxiliaire le jeune évêque ruthène Mgr Ortynsky, avec lequel j'ai dîné à Montréal, et qui a la charge de toutes les églises du rite grec aux Etats-Unis, mais dont la résidence est à Philadelphie.

L'Archevêque me raconte encore que son prédécesseur était un quaker converti, et il me fait un vif éloge des quakers pour leurs vertus naturelles de droiture et de charité.

Les familles quakers forment comme l'aristocratie de Philadelphie. On sait que la ville fut fondée au XVIIe siècle par une colonie de quakers, sous la conduite de William Penn, d'où le nom de Pennsylvanie que porte cet Etat. Ils s'appelaient la société des amis, et ils baptisèrent leur ville, *Philadelphie*, la cité de *l'Amour fraternel*. Ils ne repoussent pourtant pas ce nom de *quakers*, trembleurs, que le peuple leur avait donné par dérision, à cause de leurs excentricités. J'en ai rencontré quelques-uns au cours de ce voyage, et ils m'ont laissé le meilleur souvenir. Mais ils ont bien oublié leurs tremblements d'autrefois. D'ailleurs, une scission s'est produite dans leur secte il y a une cinquantaine d'années.

Un certain Hicks, d'où le nom de

Hicksites donné à ses disciples, s'est efforcé de moderniser le quakerisme ; d'introduire dans leurs assemblées une sorte de culte extérieur. Ce fut l'abomination de la désolation dans la haute société de Philadelphie ; mais la réforme a fait son chemin, et aujourd'hui, le rigorisme d'autrefois dans le costume, dans les mœurs, dans le culte, a peu à peu disparu. Beaucoup de quakers ne le sont plus que de nom, et, s'ils sont religieux, fréquentent les églises épiscopaliennes ou presbytériennes. Du reste, à Philadelphie comme ailleurs, on ne compte plus les sectes protestantes rivales, et hélas ! on ne compte pas non plus les *undenominational*, ceux qui n'appartiennent à aucune confession religieuse.

J'ai une introduction pour une école des Frères des Ecoles chrétiennes. Le Frère directeur me fait un excellent accueil ; malheureusement ses élèves, rentrés depuis le

« Labor day», sont aujourd'hui en congé.

C'est un externat richement « équipé », comme ils disent, et la scolarité est d'un prix assez élevé. Mais les catholiques ont annexé à chaque paroisse une école gratuite, et le diocèse possède une école supérieure où sont admis gratuitement les meilleurs élèves des écoles paroissiales. Le régime scolaire catholique constitue un département de l'administration diocésaine. On vient précisément de remplacer le prêtre chargé de cette direction, et le portrait du nouveau titulaire, avec ses états de service, est dans tous les journaux.

Les mêmes journaux m'apprennent que le groupe des congressistes pilotés par l'agence Lubin est à Philadelphie. Ils ont été interviewés et photographiés dans l'*Evening Bulletin* du 16 septembre. Voici deux prêtres en soutane — un chanoine d'Evreux et un directeur au grand séminaire de Marseille que j'ai rencontré à Rome, — et l'un de nos compatriotes du Berry, M. le comte de L. Ils sont parfaitement ressemblants et la photographie est accompagnée d'un article très aimable. « L'un des plus distingués laïques du groupe est le comte de L., qui porte un monocle, et dont les traits sont le type de la noblesse française. Il. est enchanté de Philadelphie. »

C'est un journal catholique qui donne ces détails, me direz-vous ? En Amérique cette question ferait sourire. En dehors des périodiques qui poursuivent spécialement un but de piété, comme nos « Semaines religieuses » ou nos « Messagers », les journaux politiques ne sont ni catholiques, ni protestants, ni juifs ; ils ne sont rien du tout. Je crois que le propriétaire du *New York Herald* est un catholique, mais je défie qui que ce soit de découvrir dans ce journal un indice qui fasse reconnaître sa couleur religieuse.

Les journaux ne font pas de doctrine, ils font des affaires ; il n'y a pas de bons ou de mauvais journaux, il y a des journaux plus ou moins bien informés. En politique ils sont républicains ou démocrates, mais les catholiques peuvent indifféremment appartenir à l'un ou à l'autre de ces partis. Comme informations, à part les questions de mœurs, sur lesquelles la presse est très réservée, ils racontent tout ce qui se passe, et même davantage. Canard et *american news* sont à peu près synonymes. Personne n'échappe à leur curiosité et en même temps qu'ils racontent un fait qui vous concerne, ils donnent votre portrait.

Voici précisément un portrait de clergyman protestant, facilement reconnaissable à son col et à sa moustache. Car alors que les Américains portent la figure entièrement rasée — pour se donner de faux airs de Napoléon Ier, m'a-t-on dit — les ministres protestants, eux, portent la moustache. Celui-ci est *congrégational*, une secte très large, qui n'admet aucun dogme obligatoire, pas même celui de l'existence de Dieu. On raconte qu'il est obligé de donner sa démission, parce qu'on l'a surpris fréquentant les salons-bars pour boire de la bière et du whisky. Et il a dû subir l'interview, le malheureux. Et il se défend, plutôt mal. S'il boit, c'est sur le conseil du médecin, pour calmer ses nerfs, et mieux vaut boire dans les salons-bars que de s'enivrer *at home*, comme le confrère jaloux qui l'a dénoncé.

Un autre journal, le *Washington Post* du 19 septembre, raconte tranquillement qu'un Pasteur baptiste, le Rev Thomas G. Boord, de Pittsburg, a mis à l'encan deux de ses enfants. Voici l'affiche : « Enchères ce soir.
« Le soussigné vendra aux enchères pu-
« bliques ses deux enfants, décrits ci-après.
« Un garçon de 7 ans, blond, pesant 45 livres.
« Fort de corps et d'esprit, n'a jamais été à
« l'école, mais ferait un bon crieur de jour-
« naux, capable de gagner sa vie dans trois

« ans. Sera d'un grand service pour l'ache-
« teur en moins de 8 ans.

« Une fille, 10 ans, brune, pèse 53 livres. A
« 4 ans d'école, la plus jeune élève de sa classe.
« Peut faire toutes sortes de choses dans le
« ménage, comme coudre, faire la cuisine,
« laver la vaisselle, etc., supérieure comme
« bonne d'enfants, sera capable de diriger
« une maison dans 6 ans.

« La vente aura lieu au coin de la 3e avenue
« et de Main Street, à 7 h. 1/2 du soir. Condi-
« tions et motifs de la vente seront donnés
« avant l'enchère. L'acheteur doit être une
« personne de bonne moralité. »

Et à l'heure dite, le pasteur parut avec les deux petits, et il exposa qu'ayant 5 enfants, il était incapable de les nourrir. Du reste, la vente n'eut pas lieu, la foule voulut faire au vendeur un mauvais parti, et lorsqu'il parut dans la chaire de son église le dimanche suivant, ce fut un vrai scandale.

Le journal vous raconte cela sans témoigner ni indignation, ni étonnement, et soyez sûr qu'il n'a pas la moindre intention de jeter le discrédit sur l'église baptiste; l'éditeur est peut-être baptiste lui-même.

Les journaux sont d'ailleurs pleins de sympathie pour tout ce qui est religieux. A Montréal, les journaux anglais, généralement entre les mains des protestants, mais sans couleur religieuse, tout comme leurs confrères d'Amérique, parlaient du Congrès comme nos journaux catholiques l'auraient fait. Au Canada, je crois bien que seules les feuilles françaises sont des organes de doctrine, et encore, le plus important des journaux de notre langue, la « Patrie » de Montréal, est simplement un journal d'informations et de publicité. Catholiques, protestants, Juifs, peuvent parcourir ses centaines de colonnes sans trouver un mot qui puisse les choquer.

Dans ce même numéro de la *Washington Post* que je citais tout à l'heure, je trouve côte à côte une conférence donnée par un pasteur à l'*Association internationale des étudiants de la Bible* ; l'annonce d'une grande cérémonie en plein air, à laquelle l'évêque épiscopalien invite tous les francs-maçons du district de Colombia; et enfin le compte-rendu d'une belle fête célébrée dans l'église des Jésuites. Grand'Messe, Vêpres, sermons, Associations, Ligue du Sacré-Cœur, Confrérie de la Bonne Mort, Chorale, Sodalités catholiques de toute nature, il y en a toute une colonne, qui ne serait pas déplacée dans un *Bulletin paroissial*.

La question de la presse américaine ne m'a pas fait oublier Philadelphie.

On m'a signalé une paroisse intéressante à visiter : une paroisse de gens de couleur, dirigée par les Pères du Saint-Esprit. Je suis reçu chez eux comme un ami de longue date. Tous les Pères de cette paroisse sont d'origine irlandaise, mais leur congrégation est française, et la plupart d'entre eux connaissent le séminaire du Saint-Esprit de Paris et le séminaire français de Rome. Le recteur se met donc à ma disposition avec le plus aimable empressement. Il me raconte que sa paroisse a pour patron saint Pierre Claver, l'apôtre des nègres.

L'église était il y a quelques années un temple presbytérien, mais les protestants désertent de plus en plus leurs sanctuaires, et le pasteur, faute de fidèles, est parti pour de plus gras paturages. Les catholiques ont alors acheté le temple et en ont fait une belle église. La chapelle de la Sainte-Vierge, consacrée à N.-D. des Victoires, est tapissée d'ex-voto. Le presbytère communique avec l'église. Dans le même enclos se trouve une école dirigée par des Religieuses. Les élèves sont en grande majorité des négrillons et des négrillonnes. Tout cela a coûté 200.000 francs, une grosse dette, mais en Amérique toutes les églises ont de grosses dettes, qu'on ne se hâte pas d'éteindre. Il suffit qu'on trouve de quoi payer les intérêts. De ce chef Saint-Pierre-Claver paye 9.000 francs par an. Et la paroisse est plutôt pauvre, une paroisse d'ouvriers. C'est une des rares églises où blancs et noirs ne soient pas séparés. Ces braves gens donnent à leur religion 40.000 francs par an. L'école toute seule n'absorbe guère moins de 10.000 francs. Les ressources sont fournies par les *penny collections* et la *monthly collection*. Ailleurs, dans les paroisses riches, on a la *pew-rent*, la location des bancs, qui rapporte quelquefois des sommes considérables, car en Amérique on croit avec raison qu'une place à l'église vaut bien une place au théâtre. Mais dans les paroisses pauvres on ne perçoit pas cette location.

On a encore les *block collections*, les quêtes à domicile, mais dans les quartiers pauvres, cette quête serait pour les fidèles une trop grosse charge. On se contente donc des quêtes du dimanche, aux offices, la *penny collection*, qui, malgré son nom, ne rapporte pas moins de 100 dollars par semaine, et de la *monthly collection*, la quête mensuelle, c'est-à-dire la souscription que ces pauvres gens donnent mensuellement pour leur église, et qui rapporte de 2 à 300 dollars par mois.

Les noms des souscripteurs, avec le chiffre de leur offrande, sont affichés à la porte de l'église, et j'ai constaté que ces ouvriers donnent souvent 2 dollars, jamais moins de 1 dollar par mois, soit 60 ou 120 francs par an. Je citerai cet exemple à mes paroissiens.

En traversant l'église en compagnie du Recteur, j'aperçois de pieuses négresses faisant leur visite au Saint-Sacrement, et dans la rue, nous nous trouvons en plein quartier nègre. J'ai le curiosité de pénétrer dans un intérieur nègre, et mon guide me conduit chez un fabricant de cigares, un de ses meilleurs paroissiens.

Celui-ci est originaire de Saint-Thomas et je ne sais pourquoi il porte un nom de juif allemand : Lehmann. Il me reçoit très gracieusement et j'assiste à la fabrication des cigares. La provision de tabac est là qui fermente dans la cave, les belles feuilles sont étendues sur une planchette, en un clin d'œil la pincée de tabac est roulée dans sa feuille, rognée, collée et le cigare est prêt. Le bon Lehmann tient absolument à ce que j'emporte comme souvenir de ma visite une demi-douzaine de ses bons cigares.

Il paraît que c'est un métier assez rémunérateur. Le cigare fait à la main est plus estimé que le cigare de fabrique et un bon ouvrier en peut faire 3 à 400 dans sa journée.

En compagnie du Père, je visite la ville. Il faut d'abord voir le City-Hall, un édifice très substantiel, comme disent les Américains. Il a coûté environ 25 millions de dollars. Il ne s'agit pas de savoir si c'est un chef-d'œuvre d'architecture ; du moment qu'il a coûté 25 millions de dollars, 125 millions de francs, ce doit être un chef-d'œuvre.

En réalité, malgré la statue de William Penn qui le surmonte, c'est un beau monument. En face, se trouve le temple maçonnique, le plus grandiose de toutes les Amériques — évidemment, il a coûté près de 8 millions de francs — le *Shrine*, le Saint des Saints. Les membres de ce temple sont fiers d'en porter les insignes. Ils savent qu'il est interdit aux catholiques de faire partie de la franc-maçonnerie ; mais ils paraissent étonnés et comme indignés, quand on leur dit que le but de la secte maçonnique est de détruire la religion. Ne commencent-ils pas chacune de leur *tenues* par la lecture de la Bible ? Et ne comptent-ils pas parmi leurs membres nombre de clergymen protestants?

Lorsque fut posée la première pierre de l'Hôtel de Ville, le Gouvernement, ne sachant laquelle choisir des innombrables dénominations religieuses de la Ville, pria les francs-maçons de présider la cérémonie. Je me demande s'il faut chercher la raison de ce choix dans ce fait que les francs-maçons n'appartiennent à aucune confession. C'est peut-être simplement à titre de maçons qu'ils y pontifièrent.

Il y aurait mille choses à voir ici, mais il faudrait disposer d'un temps considérable, car la ville est très étendue. En dehors des édifices énormes, à 25 étages, avec, au sommet, des postes de télégraphie sans fil, que vous trouvez au centre de la cité, en dehors des hôtels, des banques, des bureaux, des grands magasins, comme ceux de Vannamaker, le *Bon marché* des Américains, les Philadelphiens tiennent à posséder leur maison à eux, leur *home*, que ne gênera pas, sur le même palier, ni même à l'étage supérieur, la présence d'un locataire étranger. Philadelphie est connue en Amérique sous le nom de *City of homes*.

Je ne verrai donc pas les Usines Baldwin,

capables de livrer, avec leurs 11.000 ouvriers, 2.000 locomotives par an, ni le musée, qui renferme des œuvres de nos meilleurs artistes français contemporains — il faut aller en Amérique pour trouver les meilleurs tableaux de Meissonnier, de Millet, de Corot, etc. — ni la Bibliothèque publique, si richement dotée par le milliardaire Carnegie. Je tiens seulement à visiter un monument d'une architecture très modeste, mais d'une valeur historique hors de pair : la Salle de l'Indépendance.

C'est dans cette simple maison en briques que se réunit le premier Congrès Américain, pendant la guerre de l'Indépendance, et que, le 4 juillet 1776, la déclaration d'Indépendance fut signée. L'édifice a été conservé tel qu'il était alors, et il est rempli des souvenirs de ces temps historiques.

Chemin faisant, mon guide m'expose la situation des catholiques à Philadelphie.

Depuis 60 ans, les temps ont bien changé. La foule ameutée ne brûle plus leurs églises; avec leurs 150 paroisses et leurs 350.000 fidèles, ils constituent la confession religieuse la plus nombreuse de Philadelphie ; les écoles paroissiales comptent plus de 60.000 élèves et ils font tous les jours de nouveaux progrès. En politique, ils jouissent d'une grande influence, le *Boss*, le grand électeur de la ville, est catholique, et un grand nombre de fonctionnaires le sont également. Les protestants, au contraire, s'émiettent, se dissolvent dans une multitude de sectes différentes ; beaucoup d'entre eux ne le sont plus que de nom ; aussi leurs églises sont désertées, il n'y a guère que les *memorial-churches*, les églises fondées et dotées, qui tiennent encore. Et comme pour confirmer ces dires, voici que j'aperçois aux deux angles d'un temple d'une gracieuse architecture, de grands tableaux avec cette inscription : *For rent... or for sale... apply to.*,. etc. A louer...

ou à vendre... s'adresser à... etc... Voilà encore, s'il plaît à Dieu, une future église catholique.

Le soir venu, je m'assieds à la table de la communauté. Ils sont cinq ou six religieux, Pères et Frères, servis par deux négresses hideuses de laideur. Elles tiennent certainement le record dans la paroisse. Je rencontre là un Père irlandais qui parle le français très couramment, le P. Hilly. Il a étudié en France, à Chevilly ; il a été professeur de classiques en Irlande ; il a beaucoup voyagé, mais il aime la France presque autant que sa patrie.

Je n'oublierai pas facilement ce petit homme vif, alerte, aux yeux pétillants, à la voix claironnante, le menton couvert d'une barbe taillée à angle droit, tandis que la lèvre supérieure est dégarnie. A table, et de là au fumoir, sa conversation est intarissable. Il est si heureux de voir un Français près de lui ! Il veut absolument que je ressemble à un chanoine irlandais. Un chanoine irlandais ! Dans sa bouche cela vaut tous les compliments. Du reste, pour lui, il n'y a pas de peuple comme les Français. J'ai beau lui faire observer que s'il y a de braves gens partout, les mécréants ne manquent pas en France, il ne veut rien entendre ; les Français, même mécréants, sont bons. Et alors le voilà qui me donne des exemples. Des sergents de ville qui ont été aimables pour lui ; des commissaires de surveillance qui ont facilité sa sortie de France en 1870 ; il lui suffisait de dire qu'il était irlandais, pour que toutes les faveurs lui fussent accordées ; il n'oublie pas ces souvenirs ; jamais on ne lui fera dire du mal de la France, et la persécution actuelle n'est qu'une aberration passagère.

Mais on vient chercher le P. Hilly pour des confessions ; un mariage doit être béni dans l'église le lendemain matin. Les futurs ont dû se procurer à l'Hôtel de Ville une licence du City-Clerk, un haut fonctionnaire municipal. Sur le vu de cette licence, le ministre du culte reçoit le consentement mutuel des fiancés, et l'acte du mariage ainsi célébré à l'église, est valable à l'Etat civil. Dans le cas où les fiancés n'appartiennent à aucune confession religieuse, ils peuvent se marier devant le Maire, ou devant les Magistrats. Ces diverses formalités sont généralement en vigueur dans tous les Etats; cependant la législation matrimoniale diffère d'un Etat à un autre. Dans cette matière le Congrès fédéral n'intervient pas; c'est le parlement de chaque Etat qui légifère. Les formalités matrimoniales sont très simplifiées. Hélas ! le divorce ne l'est guère moins.

Je dois dire pourtant que les Américains crient à la calomnie lorsqu'on les accuse de divorcer plus facilement qu'aucun peuple du monde. A notre honte, ils prouvent par les statistiques qu'en France les divorces sont plus nombreux que chez eux. Et ils ont soin d'ajouter encore que dans ce calcul, ils ne tiennent pas compte des divorces de fait, qui ne sont pas portés devant les tribunaux, afin d'épargner les frais de procédure.

Pendant l'absence du P. Hilly, survient un prêtre, vicaire de la plus ancienne paroisse de Philadelphie, une paroisse fondée par des Jésuites français en 1760. C'était alors la seule mission catholique pour les trois Etats de Pennsylvanie, Delaware et New Jersey. Depuis cette époque, 150 ans, l'Eglise a fait de tels progrès, qu'il faut remonter aux premiers siècles de l'ère chrétienne pour rencontrer un accroissement aussi rapide.

J'étudie ici la vie de presbytère. En Amérique c'est souvent, dans les paroisses régulièrement organisées, la vie de communauté, et il y a peu de différence entre le clergé séculier et les religieux. Lorsqu'un prêtre est nommé curé d'une paroisse de ce genre, il n'entre pas comme chez nous « dans ses meubles » ; il trouve le presbytère tout meublé aux frais de la paroisse, et il n'a besoin d'y apporter que ses vêtements personnels, et ses livres, s'il en a, car il y trouvera également une bibliothèque commune.

Toutes les dépenses de la maison : nourriture, salaire des domestiques, blanchissage, chauffage, éclairage, etc., sont supportées par la caisse paroissiale. Pour ses dépenses personnelles, vêtements, livres, voyages, le curé reçoit de la caisse 1.000 dollars, et les vicaires 500. De plus, le casuel est divisé en deux parts égales, dont la première appartient au curé, et l'autre est partagée entre les vicaires. Les *Trustees* qui administrent la caisse paroissiale rendent chaque année à l'évêque compte de leur gestion, et le récolement du mobilier est fait à des époques déterminées, ou lorsque le curé vient à être remplacé. Mais, je le répète, il ne faudrait pas généraliser ; ce régime est loin d'être adopté partout.

Le lendemain je reviens dire la messe à Saint-Pierre-Claver. C'est un samedi. les Pères vont s'enfermer au confessionnal et je me hâte de prendre congé d'eux. Grâce à leur accueil fraternel, j'ai pu passer à Philadelphie une journée des plus intéressantes. Au dessus de leur presbytère, ils n'ont pas, comme à la façade de certains hôtels, la statue de *Welcome* qui vous ouvre ses bras, mais ils ont mieux : une bonté simple, cordiale, empressée ; le cœur de véritables amis.

CHAPITRE IX

BALTIMORE

Les « clerical tickets ». — Baltimore. — Le cardinal Gibbons. — Une page d'histoire. — Le premier évêque aux États-Unis. — Les Sulpiciens à Baltimore. — Un Sulpicien au Congrès. — Le Maryland. — Charles Carroll. — Un séminaire interdiocésain. — Le catholicisme en Amérique.

On m'avait dit : pour aller à Baltimore, prenez le Pennsylvania Rail Road, car ici plus qu'ailleurs encore, on a le choix entre les lignes de chemin de fer. Mais au P. R. R. on donne des *clerical tickets*, des billets cléricaux. Voilà qui ferait bondir nos francs-maçons français, mais c'est pourtant une réalité. Dans les gares de cette compagnie, vous trouverez un guichet avec cette inscription : *clerical tickets*. Les ecclésiastiques n'ont qu'à se présenter à ce guichet, on leur donnera des billets à demi-tarif. Il faut pourtant remplir certaines conditions; et je ne puis pas me plaindre, si les *tickets cléricaux* sont réservés aux ecclésiastiques chargés d'un ministère. Du reste, Baltimore n'est guère qu'à 3 heures de Philadelphie; l'économie eut été insignifiante.

Baltimore est une des plus anciennes villes d'Amérique, et malgré le terrible incendie de 1904, à la suite duquel elle fut reconstruite sur une étendue de près de 40 hectares, elle a toujours conservé le caractère d'une vieille ville. Certains quartiers que j'ai traversés m'ont laissé le souvenir de rues en désordre et mal pavées. Il y a cependant de nouveaux quartiers, peuplés de demeures aristocratiques, aux avenues larges et tranquilles, loin du bruit des affaires, près d'un beau parc.

Les rois de la finance israélite ont ici leurs palais. Mais il n'y a pas que des Juifs. Dans cette aristocratie, la première place appartient à la famille Bonaparte, des descendants de Jérôme Bonaparte, frère de Napoléon Ier. Le chef actuel de cette famille, excellent catholique, était ministre de la guerre sous la Présidence de Roosevelt. Il est l'un des *trustees* de l'Université catholique de Washington.

Baltimore est surtout une ville d'affaires, et bien qu'elle soit à plus de 200 milles de l'Atlantique, la rivière, un bras de mer qui la relie à l'Océan, lui donne l'animation et la prospérité d'un grand port. Elle compte parmi ses habitants un grand nombre de catholiques, et son archevêque est le primat des Etats-Unis.

On sait que le siège archiépiscopal de Baltimore est occupé aujourd'hui par le Cardinal Gibbons, le premier personnage de la cité, non seulement en raison de sa dignité cardinalice, dont la ville est très fière, mais par son influence personnelle et sa popularité. Son opuscule : « Foi de nos Pères » est, après la Bible, le livre de religion le plus répandu en Amérique, et celui qui a provoqué le plus de conversions au catholicisme.

Le groupe Lubin des congressistes français, en visite à Baltimore, lui a demandé une audience et l'Archevêque a reçu les pèlerins dans sa cathédrale, assez modeste.

Le cardinal parle le français aisément, et il profite de cette occasion pour dire tout ce que son Eglise doit à la France. Baltimore fut le premier siège catholique érigé aux Etats-Unis, après la guerre de l'Indépendance. Jusque-là, toute l'Amérique du nord — j'en exclus les colonies espagnoles — était soumise, au spirituel, à l'évêque de Québec. Mais Québec était alors entre les mains de l'Angleterre, et les catholiques américains, désormais libres, ne voulant pas dépendre d'un évêque sujet britannique, obtinrent qu'on nommât un évêque à Baltimore : l'ex-Jésuite John Carroll.

C'était en 1790 et la persécution religieuse commençait à sévir cruellement en France. Le Supérieur de Saint-Sulpice, le célèbre M. Emery, avait conçu la pensée de fonder un séminaire en Amérique, tant pour former un clergé indigène que pour préserver sa Compagnie d'une ruine complète. Il fit demander à l'évêque Carroll, qui était venu recevoir à Londres la consécration épiscopale, l'autorisation de donner suite à son projet, et le nouvel évêque fit bon accueil à cette proposition, mais à la condition que la Compagnie prendrait à sa charge tous les frais de la nouvelle fondation. Une personne charitable de Paris fournit les premiers fonds nécessaires, et au mois de mars 1761, quatre Sulpiciens, dont le directeur du séminaire de Bourges, M. Michel Levadoux, partaient pour Baltimore, où ils arrivèrent le 10 juillet.

Sur le bateau qui emportait la petite caravane sulpicienne avait pris place un jeune voltairien que la Providence attendait en Amérique pour lui rendre les inspirations religieuses qui entrent pour une si grande part dans sa gloire : M. de Châteaubriand.

Au cours des années suivantes, un certain nombre de leurs confrères vinrent les rejoindre. Ils avaient acheté une maison à Baltimore, et, théoriquement, le séminaire de Sainte-Marie était bientôt ouvert ; mais sans autre séminaristes que les deux jeunes Français qu'ils avaient amenés avec eux : MM. Barret et Badin. Celui-ci, qui était originaire d'Orléans, fut le premier prêtre ordonné sur le sol des Etats-Unis, en mai 1793. Il ne quitta pas sa patrie d'adoption, et mourut en 1853, dans le Kentucky, où il exerçait le saint ministère.

Cette situation se prolongea pendant près de 10 ans. Ce n'est qu'en 1800 que les Sulpiciens virent entrer chez eux un séminariste américain. Pour ne pas nuire au Collège des Jésuites de Georgetown, l'évêque Carroll leur avait interdit d'ouvrir un petit séminaire. Tout au plus purent-ils fonder un Collège, ouvert aux protestants comme aux catholiques, et encore, ce ne fut qu'en 1803 que l'évêque les autorisa à recevoir dans cette maison des élèves américains.

D'ailleurs, dans ce milieu, les vocations ecclésiastiques pouvaient difficilement éclore ou se maintenir. Il faudra attendre 1830 pour voir le héros des guerres de l'Indépendance, Charles Carroll, alors âgé de 93 ans, offrir aux Sulpiciens le terrain sur lequel ils bâtirent le petit séminaire de Saint-Charles, mais qu'ils ne purent ouvrir qu'en 1848. De cette époque seulement date la prospérité du séminaire de Baltimore.

On voit de quelle abnégation durent faire preuve les Messieurs de Saint-Sulpice pendant près de 60 ans, mais surtout dans les premiers temps de leur établissement à Baltimore.

Directeurs de séminaire sans séminaristes, ils déployèrent leur activité soit dans le professorat des collèges, soit dans le ministère ecclésiastique. Un bon nombre d'entre eux durent accepter, par obéissance, le fardeau de l'épiscopat. Bardstown, la Nouvelle-Orléans, Vincennes, Natchez, New York, Baltimore même, eurent pour évêques des Sulpiciens français. D'autres se dépensèrent plus obscurement dans les missions. On cite en particulier M. Ciquard, du séminaire de Bourges, et M. Gabriel Richard, émigrés tous deux en Amérique en 1792, avec M. Maréchal, le futur archevêque de Baltimore. M. Richard fut le plus illustre apôtre du Michigan, et une statue lui a été érigée à Détroit. Il fut un jour emprisonné pour des dettes qu'il avait contractées dans la construction de l'église

Sainte-Anne de Détroit. Afin de recouvrer sa liberté et de gagner de quoi payer ses dettes, il posa sa candidature au Congrès et fut élu. C'est le seul prêtre — un Sulpicien français — qui ait jamais siégé au Congrès.

Dans l'histoire religieuse de l'Amérique, les annales de Baltimore offrent le plus vif intérêt. Cette colonie fut une colonie catholique, fondée par un catholique, Lord Calvert, comte de Baltimore en Irlande, qui avait amené avec lui quelques centaines de ses coreligionnaires. Ils donnèrent à leur établissement le nom de leur reine, cette infortunée Marie-Henriette de France, dont Bossuet prononça l'Oraison funèbre, fille d'Henri IV, épouse de Charles Ier d'Angleterre ; ils l'appelèrent la terre de Marie : *Maryland.*

Baltimore, avec ses 600.000 habitants, n'est pourtant pas la capitale du Maryland, c'est une petite ville de 9000 âmes. Annapolis, qui a cet honneur.

Dès sa fondation le Maryland fut la terre classique de la liberté des cultes. Un siècle et demi avant la Révolution, Lord Baltimore proclama les grands principes des droits de l'homme et du citoyen. Il en fut mal récompensé, raconte l'histoire. Les protestants, plutôt malmenés dans les colonies françaises, étaient accourus en foule sur cette terre hospitalière, mais une fois qu'ils se virent les maîtres, ils se rappelèrent que la liberté de conscience était une hérésie et ils persécutèrent les catholiques. Le Maryland resta cependant, au moins en droit, une terre catholique, et à l'époque de la guerre de l'Indépendance, le député de cet Etat au premier Congrès était Charles Carroll, le frère de l'évêque, l'un des fondateurs de la grande République, l'un des signataires de la célèbre *Déclaration d'Indépendance*.

C'est lui qui, en 1776, lorsque les Américains essayèrent de conquérir le Canada sur les Anglais, fut envoyé à Montréal, avec son frère, le futur évêque, et Benjamin Franklin, pour engager les Canadiens français à secouer le joug britannique, leur promettant une entière reconnaissance de leurs droits religieux, alors que les protestants anglais s'efforçaient de faire prévaloir dans la Nouvelle France leur domination tyrannique.

Il dépensa d'ailleurs en pure perte ses moyens de persuasion, et les Américains ayant été battus sous les murs de Québec, le Canada resta colonie anglaise. Détail qui m'intéresse particulièrement, Charles Carroll avait commencé ses études de droit à l'Université de Bourges.

Les Sulpiciens ont toujonrs conservé la direction du séminaire de Baltimore. Je devrais dire des séminaires, car ils dirigent encore ce petit séminaire de Saint-Charles dont nous avons raconté la fondation laborieuse.

En m'aidant de mon plan et en demandant mon chemin, je me dirige vers le grand séminaire, dans un vieux quartier, assez éloigné du centre de la ville. Sur ma route, je rencontre des jeunes gens très correctement vêtus de noir, mais sans aucun indice de cléricature. Ce sont pourtant des séminaristes qui reviennent au bercail ; c'est aujourd'hui la rentrée. En vacances, les étudiants ecclésiastiques portent entièrement l'habit laïque, et voici la raison qu'on me donne de cet usage. Les fidèles ont un tel respect pour le prêtre, qu'on ne veut pas laisser égarer cette vénération sur des mains qui ne sont pas encore consacrées. Ce sont les curés de ces jeunes gens qui s'opposent à tout ce qui pourrait amener une confusion entre un prêtre et un séminariste.

J'ai été devancé au séminaire par une lettre très bienveillante et je suis accueilli avec une bonté infinie. J'avais déjà pris une chambre à l'hôtel, mais on m'oblige à déménager ; il me faudra loger ici. Du reste, je suis en terre française. Le supérieur est américain, un américain qui parle le français comme un parisien, mais presque tous les directeurs sont français de France. L'un d'eux, M. Chapon, est en Amérique depuis 1863 : 47 ans ! Il a pris un accent américain plein de saveur. Il ne se plaint pas de son long séjour aux Etats-Unis, mais sur la situation religieuse de ce pays, il n'a pas l'enthousiasme des prêtres de langue anglaise que j'ai rencontrés.

Il y a 200.000 catholiques à Baltimore, me dit-il, il devrait y en avoir bien davantage ; seulement la plupart des émigrants catholiques qui arrivent ici tombent dans l'indifférence, et vont grossir le nombre des protestants de nom, c'est-à-dire des gens sans religion. Et encore, dans le Nord, notre situation est assez belle, mais le Sud est lamentable. Là des millions d'émigrants catholiques ont passé autrefois au protestantisme, faute d'églises, faute de prêtres.

Il y a des prêtres qui ont des paroisses grandes comme un diocèse français tout entier. Et puis, aurait-on des prêtres qu'on manquerait de ressources. Il n'y a que les ordres religieux qui puissent évangéliser ces contrées. On vient de nommer un Abbé Bénédictin vicaire apostolique d'un de ces Etats du Sud ; on devrait généraliser cette mesure. Du reste, c'est partout la même plainte : *messis quidem multa, operarii autem pauci*. Il y a dans ces régions des populations qui n'ont jamais vu un prêtre catholique.

Un missionnaire racontait il y a quelques jours dans un journal religieux la visite fructueuse qu'il avait faite à de pauvres insulaires de langue anglaise de la mer des

Antilles. Jamais un prêtre n'avait abordé sur ces rivages. Il arrive un samedi soir, et va frapper à la porte d'un pasteur baptiste, se présentant comme missionnaire catholique et offrant ses services pour le lendemain. — « Mais qu'est-ce que vous pouvez faire pour moi, à mon office, demain ? » — « Bien, je puis prêcher à votre place, et même, si vous voulez, je me charge de toute la besogne. » — « Bien, répond le Pasteur, vous êtes chez vous. » — Le dimanche matin, le missionnaire apporte son autel, en présence de toute la paroisse, qui n'avait jamais assisté à pareil spectacle, il revêt les ornements sacrés, et il célèbre la messe. Puis il fait chanter un de leurs cantiques, et il leur propose un « *revival* », une mission de huit jours. Le pasteur appuie la motion, l'assemblée l'accepte, le missionnaire leur prêche une mission de trois semaines, au bout desquelles tout le monde, pasteur en tête, demande à entrer dans l'Eglise catholique.

Pendant que nous tenons cette grave conversation au salon, après dîner, les séminaristes, les uns ayant repris l'habit ecclésiastique, les autres toujours en veston et chapeau de paille, sont dans les cours, réunis par groupes, fumant le calumet de l'amitié. Ils sont 250 ici, envoyés par 40 diocèses différents, offrant tous les types de la race blanche. L'Irlande, l'Allemagne, l'Italie ont de nombreux représentants. Un jeune homme à qui je demande le chemin de la chapelle est polonais. Ils se groupent par nationalités, et forment ainsi des sortes de clubs, où ils parlent leur langue maternelle. Un certain nombre de ces jeunes gens n'ont pas encore d'évêques ; ils n'auront, au moment du sous-diaconat, que l'embarras du choix.

La maison a bien l'aspect sulpicien, et, sauf les modifications exigées par les coutumes américaines, le règlement est celui de nos séminaires de France. Beaucoup de simplicité dans les rapports entre maîtres et élèves ; au passage, un *shake hands* aimable et un *welcome, boy !* du directeur accueillent les nouveaux venus.

Le meilleur esprit règne dans la maison, et il m'a semblé que la piété y était en grand honneur. Le lendemain matin, à la messe, après une journée de voyage et de fatigues, presque tous les élèves ont fait la sainte communion. A cause du grand nombre d'élèves, les philosophes ont une chapelle distincte de celle des théologiens.

Je trouve la communauté sulpicienne au grand complet au petit réfectoire, pour le déjeuner du matin. Le déjeuner est tout américain, avec les beaux fruits de Californie comme apéritif, le *porridge* de farine d'avoine ou de maïs, arrosé de lait et saupoudré de sucre, les œufs, les viandes de Chicago, etc., etc. En Amérique, le premier déjeuner, le « breakfast », est un repas très copieux, plus substantiel que le lunch du milieu du jour. Je dois dire d'ailleurs que dans les communautés ecclésiastiques, on ne connaît pas encore le lunch ; on a conservé le vieil usage du dîner à 1 heure et du souper le soir.

Mais si le déjeuner est américain, la conversation est française. J'ai des connaissances communes avec la plupart de ces messieurs, et tous me disent leur affection pour l'aimable introducteur qui m'a ménagé à Baltimore un si bienveillant accueil

Puis, nous nous séparons. Le séminaire a déjà repris sa vie de piété et de travail ; de tous côtés, dans les salles, des groupes se forment autour d'un maître ; ce sont les examens de rentrée, la revision des devoirs de vacances. Comme chez nous, elles ont duré trois mois environ, des derniers jours de juin au dimanche qui précède les Quatre-temps de septembre.

Cependant je m'éloigne, accompagné

d'un jeune professeur qui veut bien me conduire au *Parc de la colline des Druides*, le Bois de Boulogne de Baltimore, et qui ne me quitte qu'à la gare. Dans une heure je serai à Washington.

CHAPITRE X

A WASHINGTON

Washington. — La gare. — La « Catholic University of America ». — Le Juge de Lacy. — Le Recteur. — Le catholicisme dans les Etats du Sud. — Les Palais Universitaires. — Georgetown. — Brookland et ses couvents. — La Congress' Library. — Les curiosités de Washington. — Les nègres. — Le « Monument ». — Le Capitole. — Une soirée chez les Maristes. — Le Congrès des « Charités catholiques ».

Washington n'est pas une très grande ville : 300.000 habitants seulement, dont près de 100.000 noirs, mais c'est la ville la mieux bâtie et la mieux tenue des Etats-Unis. Le plan a été tracé par un officier français, à la fin du XVIII° siècle. Les rues, les avenues, les routes qui desservent les campagnes environnantes, dénotent une

14*

préoccupation d'élégance qu'on ne rencontre nulle part ailleurs. On sent que les Américains veulent faire à leur capitale une belle réputation. L'argent ne leur manque pas ; c'est le Congrès qui règne ici, et le Congrès dispose des finances fédérales.

Le District de Colombie qui renferme Washington n'est pas un Etat, ses habitants ne votent pas ; tous ses fonctionnaires sont nommés par le Président. La ville n'est pas une ville d'affaires ; c'est la ville des ministères, des administrations, des légations étrangères, des sociétés scientifiques.

Je suis loin d'avoir vu toutes les gares de chemin de fer, mais je ne crois pas qu'il y en ait une au monde qui surpasse celle de Washington. Lorsqu'on y pénètre, on ne peut retenir son admiration. Ce n'est pas un édifice prétentieux comme les gares allemandes, avec des tours moyenageuses et des peintures dramatiques ; c'est un monument sobre, élégant, dans sa blancheur de marbre immaculé, où la fumée des locomotives ne pénètre pas, immense, avec des halls à perte de vue, et une répartition des différents services si ingénieuse, que le voyageur ne perçoit rien ni de la manutention des bagages, ni des facteurs aux vêtements malpropres, ni du grincement des chariots, ni du bruit, de l'agitation, qu'entraîne fatalement le trafic d'une gare importante. Si l'ingénieur qui a construit cet édifice a voulu que le visiteur fût, dès son arrivée, favorablement disposé en faveur de la capitale fédérale, il y a pleinement réussi.

Une amicale introduction m'a précédé à l'*Université catholique d'Amérique*. C'est à la campagne, à Brookland, à 2 kilomètres environ de Washington. Lorsque j'arrive, la petite communauté est à table, mais instruit par l'expérience, je n'hésite plus à commettre une démarche indiscrète. Cette fois je ne suis pas descendu à l'hôtel, et j'ai apporté mon petit bagage. Je suis immédiatement introduit à la salle à manger, et les présentations sont vite expédiées. En ce moment, la communauté en vacances se compose du Recteur, Mgr Shahan, de deux Sulpiciens, et d'un prêtre espagnol, venu ici pour apprendre l'anglais. Mais aujourd'hui il y a des invités : la commission préparatoire du *Premier Congrès national de la charité catholique*, qui doit se réunir à l'Université dans quelques jours.

L'un de ces messieurs m'a beaucoup intéressé. C'est l'Honorable Juge William H. de Lacy, de la *Juvenile Court* de Washington. On sait le succès de ces tribunaux pour enfants aux Etats-Unis. La première *Juvenile Court* fut créée à Washington il y a 4 ans, et depuis 40 tribunaux de ce genre ont été institués aux Etats-Unis. Les rapports présentés au Congrès par le Juge de Lacy sont très instructifs.

Le principe fondamental des *Juvenile Courts* est celui de la loi Bérenger : il vaut mieux laisser les enfants en liberté provisoire, que de les envoyer dans les maisons de correction, où, loin de se corriger, ils se pervertissent davantage. Seulement, et c'est ici que le juge américain se montre bien supérieur au magistrat français, la liberté est accompagnée de ce qu'ils appellent la *probation*, l'épreuve, qui dure jusqu'à la conversion sérieuse des coupables. Le juge, et les fonctionnaires qu'il a sous ses ordres, deviennent, pour l'enfant condamné, des protecteurs bienveillants et dévoués.

Ils ne se contentent pas de le surveiller, ils le moralisent. Ils lui cherchent une situation, et chaque dimanche, ils consacrent leur après-midi à recevoir ces enfants, qui viennent leur dire comment ils ont passé la semaine. Et dans leurs conseils, la religion tient une grande place ; ils ne craignent pas, comme nos juges, de passer pour cléricaux. Le Juge de Lacy, une notabilité catholique, nous quitte précisément pour remplir ce ministère paternel. Toute la soirée, les enfants condamnés à ce régime vont défiler devant lui, un par un, et ils remporteront de cette entrevue un peu plus de dignité et un peu plus de courage.

L'année dernière, pour le seul district de Columbia, 2.546 enfants — il s'agit évidemment d'adolescents — ont paru à sa barre ; un certain nombre ont été acquittés ; beaucoup d'entre eux ont été envoyés dans des maisons religieuses du genre du Bon Pasteur, et 800 environ ont été placés sous le régime de la probation en liberté.

Quand on cause avec ces hommes qui portent le titre d'*honorable*, — et on sent qu'ils le méritent, — quand on lit leurs rapports tout pénétrés de l'esprit religieux, les conversations qui s'engagent, les correspondances même qui s'établissent entre juges et condamnés, les procédés de notre magistrature nous paraissent quelque chose d'anormal. Ici, le cœur qui cherche à faire du bien, à relever de pauvres âmes tombées ; chez nous, le bras qui frappe et qui ne vous connaît plus.

Mgr Thomas J. Shahan, le Recteur de l'Université, est un des hommes les plus remarquables du clergé américain. Ancien élève du Collège Américain de la Propagande, il a fréquenté les plus célèbres universités. Il parle le français avec une rare perfection, et ses connaissances sont universelles.

A propos de Bourges, la conversation s'engage sur nos origines gauloises, sur la facilité avec laquelle, après la conquête, l'assimilation se fit entre Romains et Gaulois, les Gaulois latinisant leur langue, et les Romains faisant de la Gaule leur colonie de prédilection, couvrant le pays de leurs villas, de leurs thermes, de leurs théâtres, empruntant à nos pères leurs défauts, leur bavardage procédurier, *Gallia causidica*, —

leurs vêtements, ces *braccae* que le Sénat dut proscrire, leurs objets de toilette surtout, en particulier ce savon merveilleux dont les femmes et les jeunes élégants de la société romaine étaient si friands.

Nous abordons bientôt un sujet plus actuel. Que faut-il penser de la situation des catholiques aux Etats-Unis? J'ai encore dans l'oreille les paroles mélancoliques de M. Chapon, du séminaire de Baltimore : « Défiez-vous de l'optimisme américain ; il y a plus de défections que de conversions. »

Mgr Shahan remet les choses au point. Sans doute les Etats du Sud, exception faite de la Louisiane, laissent bien à désirer ; on rencontre là un grand nombre de familles aux noms irlandais, qui devraient être catholiques et qui ne le sont plus. Cela date des premiers temps de la colonisation, alors que les Anglais apportaient avec eux les lois atroces de la mère-patrie contre notre religion, et ne souffraient dans leurs établissements la présence d'aucun prêtre catholique. Songez qu'il faut attendre jusqu'en 1793 pour voir un prêtre ordonné dans ces colonies anglaises, et encore ce prêtre est un français. La plupart des missionnaires sont français.

Il y a d'autres causes. Il est vènu là, il y a 200 ans, une sorte d'aristocratie assez large de principes, des fils de famille à la recherche de la fortune, des cadets exclus de l'héritage paternel, auxquels on a donné des domaines immenses, sur lesquels ils n'ont eu qu'à se laisser vivre. Pas de grande industrie : la culture du tabac et du coton ; comme main-d'œuvre, le nègre. Cette population se suffisait à elle-même ; le flux des émigrants ne se dirigeait pas de ce côté ; d'ailleurs aucun port important ne desservait ces provinces.

Elles sont arrosées par de grands fleuves, sans doute, mais ces fleuves eux-mêmes sont d'une pénétration difficile. Ce qui a fait la fortune de l'Est et du Nord de l'Amérique, c'est le port de New York. De 1840 à 1870, tous les émigrants se sont dirigés vers les Etats du Nord et du Nord-Ouest. Et avec les émigrants, les ouvriers apostoliques. Le Sud est resté stationnaire, et comme croupissant dans la jouissance, exempte d'ambitions, des produits de son sol. C'est là surtout qu'il faut voir l'aristocratie américaine sous son mauvais côté. Car il y a en Amérique, comme dans la Rome d'autrefois, l'aristocratie et la plèbe. L'aristocratie c'est l'Américain-né, et riche ; la plèbe, c'est le noir, ce sont les émigrants.

Quoi d'étonnant, dans ces conditions, que la foi catholique n'ait pas fait de progrès dans ces régions ! Les catholiques qui venaient s'y établir n'y trouvaient point de prêtres, point d'églises de leur culte ; par la force des choses, ils se mêlaient à la masse protestante ; l'indifférence, les écoles, les mariages mixtes, faisaient le reste. Mais la situation s'améliorera certainement avec l'ouverture du canal de Panama. Et vous verrez alors se produire dans le Sud les merveilles de progrès, de vie intellectuelle et religieuse, dont nous sommes témoins dans le Nord.

Je sais bien, ajoute Mgr Shahan, que les émigrants, même catholiques, qui nous arrivent, ne sont pas tous de bonnes recrues pour l'Eglise. Les peuples slaves en particulier nous causent bien des ennuis. Ces hommes qui, chez eux, n'ont jamais pu prendre aucune part à l'exercice du pouvoir apportent ici une âme vraiment *slave*, c'est-à-dire esclave. Et comme les esclaves trop longtemps opprimés, trop vite rendus à la liberté, ils se laissent aller à rejeter l'autorité morale qui ne se fait pas respecter par la force. Ce sont des ombres à notre tableau. Regardons-en plutôt les beaux côtés.

Un de ces beaux côtés, c'est l'Etablissement qui est sous nos yeux. L'Université catholique d'Amérique a 20 ans d'existence. Elle a pour Chancelier le Cardinal Gibbons, archevêque de Baltimore. Son siège, ce sont trois édifices imposants; *Caldwell-Hall*, ou la Faculté de théologie; *Mac-Mahon Hall*, la faculté de philosophie, des lettres et des sciences, et *Albert-Hall*, ou le *dormitory*, la pension des étudiants. Les deux premiers édifices ont coûté chacun plusieurs millions de francs. Ils portent les noms de leurs fondateurs, Mgr Mac-Mahon, -un riche ecclésiastique américain, et Miss Gwendoline Caldwell, qui, après avoir consacré une somme énorme à la fondation de l'Université et à la création de plusieurs chaires, eut une fin malheureuse.

Elles étaient deux sœurs, protestantes, orphelines, nièces de l'ancien évêque de Peoria, l'illustre Mgr Spalding. Toutes deux se convertirent au catholicisme. Puis elles se marièrent. L'une d'elles épousa un Allemand protestant, qui la fit bientôt renoncer à la foi catholique. La seconde. Miss Gwendoline, avait épousé un Français, le Comte des Moustiers-Mérinville. Elle aussi perdit la foi, abandonna son mari, et mourut dernièrement à Rome, sans s'être réconciliée avec l'Eglise.

A d'autres points de vue, les débuts de l'Université furent pénibles. L'union entre les professeurs laissait à désirer. C'est de là que partirent les dénonciations pour cause d'Américanisme, à la suite desquelles le Recteur alors en exercice, Mgr Keane, fut appelé à Rome. Les dénonciateurs étaient, paraît-il, deux professeurs, un Allemand qui écrivait des articles anonymes contre le Recteur dans un journal allemand de Saint-Louis, et un Français qui jouait le même vilain rôle dans un journal français de la Nouvelle-Orléans. Et je me souviens d'une conversation plutôt aigre contre les Français que j'entendais Mgr Keane tenir un soir, il y a 15 ans de cela, au collège Canadien, où il s'était retiré pendant ses années de disgrâce.

Tout cela est maintenant de l'histoire ancienne. Les professeurs en question durent quitter l'Université en même temps que Mgr Keane, et celui-ci, rentré en faveur, fut appelé, deux ans plus tard, à un siège épiscopal. Il est maintenant archevêque de Dubuke. C'était une belle intelligence, mais les années et les infirmités en ont fait une ruine, un vieillard qui s'éteint.

L'Université est soutenue par les quêtes faites dans tous les diocèses d'Amérique et qui rapportent 500.000 francs environ. Elle a en outre comme revenus — je donne les comptes de 1909 — : l'intérêt de son capital pour une somme d'environ 150.000 francs; les pensions et droits divers payés par les étudiants : près de 100.000 francs ; le revenu du domaine : 10.000 francs ; les dons, legs, fondations, etc. environ 175.000 francs ; au total, près d'un million de francs. Les dépenses s'élèvent à un peu plus de 500.000 fr. de sorte que, au cours de cet exercice, la fortune de l'Université s'est accrue d'un demi-million de francs environ. Au 30 septembre 1909 cette fortune — y compris la propriété foncière, les bâtiments, le mobilier les valeurs et les créances — s'élevait à près de 12 millions de francs.

Le rapport annuel des trustees donne à ce sujet les détails les plus complets et les plus circonstanciés. A un cent près, tout le monde connaît les revenus et les dépenses de l'Université. On donne même la description de toutes les valeurs mobilières qui composent son portefeuille. Je remarque tristement qu'il serait difficile à nos établissements ecclésiastiques français d'agir de la sorte, mais en Amérique on ne redoute pas les spoliateurs.

Je dois ajouter que, dans ces dernières

années, des fonds pour près de 4 millions de francs ont été gravement compromis dans une catastrophe financière. Mais cet argent n'est pas considéré comme perdu, et le fût-il que les finances de l'Université seraient encore assez brillantes. Les chaires créées sont au nombre de 19 : 4 bourses de *Fellows* et 29 bourses d'étudiants sont également fondées, et l'Ordre des Chevaliers de Colomb a décidé la création de 50 nouvelles bourses d'étudiants. Evidemment, ces chiffres sont bien pâles quand on les compare aux centaines de millions possédés par certaines Universités d'Amérique ; mais il importe de remarquer qu'il s'agit ici d'une institution strictement confessionnelle, relativement récente, et où toutes les facultés, la médecine, par exemple, ne sont pas représentées.

L'enseignement est donné par une quarantaine de professeurs, dont quelques-uns ont acquis une certaine célébrité. On me cite en particulier un vieux professeur de droit, M. William C. Robinson, qui, avant de venir ici, a enseigné le droit à l'Université de Yale pendant plus de 30 ans. Par contre, le professeur qui enseignait ici l'Economie politique vient d'être appelé à l'Université de Princeton. Un savant prêtre français, M. Hyvernat, enseigne les langues sémitiques et l'archéologie biblique.

Mais les étudiants sont peu nombreux : à peine 250.

Chose singulière, il y a à Washington une autre Université catholique, mais elle ne porte pas le nom de catholique, elle s'appelle l'Université de Georgetown, du nom du faubourg où elle est établie. Elle fut fondée en 1789 par les Jésuites, alors supprimés, et réfugiés sous différents noms dans les pays non catholiques. Parmi ses fondateurs on trouve un Père Figeac, qui était originaire du Berry. Sur les manuscrits qui portent sa signature, il fait suivre son nom tantôt des lettres S. J., tantôt de S. S. Aurait il appartenu à la compagnie de Saint-Sulpice ? On suppose plutôt qu'il a voulu par prudence dissimuler son état religieux. Cette institution dépend encore des Jésuites.

En réalité l'Université consiste dans un établissement situé dans une position merveilleuse, sur le Potomac, mais qui abrite simplement un collège classique très florissant. Il n'y a pas de facultés de philosophie ni de théologie. Une seule fois, l'Université a décerné un diplôme de docteur en théologie, *honoris causa*. La médecine et le droit sont enseignés par des médecins et des avocats de Washington agréés par le Président — c'est son titre — du collège de Georgetown, et faisant leurs cours chez eux ou dans les hôpitaux. Les Jésuites se contentent de délivrer les diplômes, signés de leur Général. La plupart de ces professeurs et de ces étudiants sont protestants. Il n'y a entre cette Université et la *Catholic University of America* aucune rivalité, si ce n'est sur les *grounds* de Brookland, lorsque les étudiants de Georgetown viennent se mesurer au *base-ball* avec ceux de la « Catholic » en présence du Recteur et du Président.

Il y a encore à Washington un troisième établissement d'Enseignement supérieur : la *Howard University*, ouverte aux étudiants des deux sexes, sans distinction de religion ou de couleur.

La direction morale des étudiants ecclésiastiques à l'Université est confiée aux Messieurs de Saint-Sulpice, qui ont en même temps dans le voisinage une sorte de scolasticat. Je trouve là M. Dumont, un Lyonnais ; il y a 45 ans qu'il est en Amérique et il y a pris, lui aussi, un léger accent exotique. Il est plus que septuagénaire, mais il porte à peine 50 ans. Il vient de faire en Europe un long voyage qui ne paraît lui avoir laissé aucune fatigue. C'est lui qui est président de Caldwell-Hall.

Son *socius*, qui remplit dans la maison les fonctions d'économe, est M. Schrantz, un Luxembourgeois qui a fait ses études à Reims, mais dont l'américain semble être devenu la langue maternelle. C'est lui qui a la bonté de me servir de *cicerone*.

Après avoir visité en détail les palais universitaires, d'une architecture imposante, grave, sobre, de très bon style, — la chapelle de Caldwell-Hall est d'une somptuosité exquise, — nous parcourons le domaine sur lequel ces édifices sont disséminés. Cette proprieté n'a pas coûté moins de 200.000 fr., mais elle en vaudrait aujourd'hui plus du double, et les trustees regrettent de n'en avoir pas acheté davantage. L'Université a donné à ces terrains une plus-value considérable.

Brookland est maintenant comme un rucher scientifique et religieux ; une campagne gracieuse, sur laquelle vous voyez surgir de distance en distance, comme un rayonnement de collèges, couvents, scolasticats, pépinières ecclésiastiques de toutes sortes ; demeures silencieuses, paisibles, remplie d'une jeunesse avide de s'éclairer aux lumières qui jaillissent de ce foyer de culture catholique. Aussi le peuple appelle-t-il Brookland *The Holy City*, la Sainte Cité.

En venant de Washington, le premier établissement qu'on rencontre est le *Trinity College*, une fondation grandiose à l'usage des jeunes filles catholiques, qui reçoivent là, sous la direction de Religieuses, un enseignement vraiment supérieur. Les professeurs de l'Université y donnent des conférences. Puis, c'est le couvent des Dominicains, d'une riche architecture, puis la maison des Paulistes, la *Mission-House*, également dirigée par les Paulistes.

Nous rencontrons justement leur supérieur, un religieux d'une grande distinction. Les journaux ont raconté dernièrement, que cette congrégation vient d'être douloureusement éprouvée par deux défections retentissantes. Il semble qu'il y ait chez eux comme un péché d'origine.

Le P. Hecker, protestant converti, était Rédemptoriste comme chacun sait. C'était un homme de grande valeur et d'une sainteté éminente, mais sous l'influence de son éducation première, il attachait peut-être trop d'importance à cette inspiration personnelle que les protestants regardent comme un sens surnaturel. Son exode et la fondation de la Congrégation de Saint-Paul furent sans doute approuvés par le Saint-Siège; l'esprit du Fondateur et certaines de ses doctrines n'en constituent pas moins un danger pour la discipline religieuse. Ceux qui ont lu la *Vie du P. Hecker* savent que la plupart des erreurs condamnées sous le nom d'*Américanisme* sont l'interprétation abusive, erronée, des idées du saint Religieux. Cela n'empêche que les Paulistes —

ils ont gardé la règle et le costume des Rédemptoristes — sont des missionnaires merveilleusement adaptés à la mentalité américaine.

Nous continuons la revue des couvents de Brookland. Voici les Franciscains, avec leur église du Saint-Sépulcre, qui attire les foules ; les Maristes, qui ont ici deux maisons, un scolasticat et un collège ; les PP. de Sainte-Croix, etc. Une congrégation polonaise a également acheté un terrain sur lequel elle bâtira un scolasticat ; faute de ressources suffisantes, les travaux sont momentanément arrêtés.

Je voudrais que nos francs-maçons vinssent faire une promenade à Brookland. Mais je ne doute pas que notre ambassadeur à Washington n'ait déjà informé son Gouvernement des curieux effets que produit en Amérique la proscription des religieux français. Devant cette floraison de couvents, à la pensée de cet autre milliard des Congrégations plus authentique que le premier, M. Combes doit bien plaindre ces pauvres Américains. Faut-il que ces gens-là soient arriérés ! Et quelles congrégations ! Des Jésuites, Monsieur, des universités de Jésuites, des paroisses de Jésuites !

A quelques pas des couvents s'élève un établissement qui rappelle de loin notre Hôtel des Invalides. C'est le *Soldier's Home*, une institution de retraite militaire, comprenant un certain nombre d'édifices luxueux et d'un confort tout américain. L'institution est si riche qu'elle ne sait comment dépenser ses revenus. Les édifices sont cachés dans les arbres d'un beau parc, entourés de jardins, de pelouses, de massifs de fleurs. La chapelle catholique n'est pas oubliée ; mais on n'oublie pas non plus les distractions, les jeux, les concerts, le théâtre. Du reste, le voisinage de Washington fait du Soldier's Home un but de promenade très apprécié, et les visiteurs sont bien accueillis dans ce paradis des soldats.

Le soir venu, après dîner, M. Schrantz me dit : — « Voulez-vous que je vous conduise à la Bibliothèque du Congrès ? » — Au premier abord cela paraît extraordinaire d'aller passer sa soirée dans une bibliothèque, mais il paraît qu'en Amérique c'est précisément à cette heure de la journée, lorsque sont terminés les travaux manuels, que les bibliothèques sont le plus fréquentées. A Washington cette visite offre un autre attrait que l'attrait de l'étude. La *Congress' Library* est un des plus beaux palais d'Amérique, un vrai chef-d'œuvre, et c'est surtout le soir, lorsque ses richesses artistiques sont éclairées par des milliers de feux électriques, qu'il faut le voir.

Lorsque vous entrez dans ce Hall, fait de marbres précieux, avec ses belles colonnes, avec son double escalier, avec ses mosaïques et ses bronzes, tout cela d'un très beau style, majestueux et gracieux à la fois, c'est un éblouissement. Je n'ai certainement rencontré en Amérique, où, généralement, le goût n'est pas la qualité dominante, aucun monument qui m'ait laissé un souvenir aussi agréable. C'est du grand luxe, mais un luxe de très bon goût. On a dépensé là, pour l'édifice seul, près de 35 millions de francs. La bibliothèque pourra contenir 4 à 5 millions de volumes ; elle en a déjà près de 2 millions, sans compter plus de 108.000 manuscrits. On peut du reste y passer la journée, car elle renferme un restaurant.

Seuls peuvent pénétrer dans l'immense rotonde qu'est la salle de lecture, les visiteurs qui veulent travailler. Nous nous dirigeons donc en silence vers un petit bureau discrètement éclairé par une lampe électrique, pendant que la tête du lecteur reste dans l'ombre. Des fiches sont à portée de votre main, sur lesquelles vous inscrivez le titre de l'ouvrage dont vous avez besoin. J'écris un titre au hasard, et un employé vient prendre mon bulletin. Il cherche dans son catalogue, et, ne trouvant pas, vient me demander, à voix basse, le nom de l'éditeur. Je lui donne un nom, et bientôt il me rend ma fiche. L'ouvrage n'est pas à la bibliothèque. Seulement il ajoute que si je le désire on va le faire venir. « Car nous avons, me dit-il, des correspondants dans toutes les grandes villes du monde, et il nous est facile de nous procurer tous les ouvrages que nos lecteurs désirent. » Je le remercie et nous quittons la salle.

L'excellent homme eût été bien empêché de me procurer mon livre ; quelques jours après, je constatais qu'il n'existe pas ; je m'étais trompé de titre. D'ailleurs, la proposition qu'il me faisait était sérieuse ; M. Shahan me disait le lendemain que si l'Université catholique a besoin d'un ouvrage, quel qu'il soit, fût-ce une collection formidable d'in-folios, il suffit qu'un professeur certifie qu'il s'agit d'un ouvrage de valeur, pour que la bibliothèque en fasse aussitôt l'acquisition.

Sortis de la salle de lecture, nous montons l'escalier et nous pénétrons dans la galerie qui domine la rotonde et du haut de laquelle les curieux contemplent les lecteurs. Là encore, le coup d'œil est merveilleux, car tous les arts ont été mis à contribution pour décorer les murs et la voûte de cette salle. Sur le parapet de la galerie, sont placées de belles statues de bronze, les statues des plus grands génies qui aient illustré l'humanité. Moïse voisine avec Newton et saint Paul avec Christophe Colomb. Dans d'autres pièces sont conservées sous des vitrines les éditions rares, les manuscrits précieux, les documents historiques les plus curieux. Nous terminons notre visite par la salle des journaux. Car on peut lire ici les principaux journaux du monde entier. La France est représentée par le *Figaro* et le *Petit Journal*.

Tout ce que je vois ici m'intéresse tellement que je décide de prolonger mon séjour à Washington. Mes amis de New York, avertis par télégramme, me pardonneront ce retard.

Mais aujourd'hui, et pour la première fois, je vais visiter une ville en touriste. Je trouve des Congressistes du groupe belge qui, sous la conduite de l'agence Cook, vont faire comme moi. Je prends donc place dans un *observation-car*, un motobus d'observation. Un cornac est sur le premier banc et donne les indications.

Inutile de vous placer près de lui, il a une voix qui couvre tous les autres bruits, et je l'entendrai trop. Pendant une heure il vous fait défiler devant tous les monuments de Washington, devant tous les ministères, dans les quartiers aristocratiques, devant les législations étrangères, et d'une voix de stentor, il vous les nomme. « Ceci est le Capitole,... ceci est le monument de Washington... ceci est le Trésor,... ceci est l'ambassade d'Angleterre... ceci est la demeure de Un Tel... Il ne vous fait grâce d'aucun hôtel important, d'aucun magasin à la mode, et il ajoute volontiers à son boniment des plaisanteries sans sel, qu'il croit sans doute pleines d'esprit. Coût : un dollar.

J'ai hâte de voir la course terminée pour flâner dans la rue, au marché, dans le quartier des gens de couleur, où je rencontre un pasteur nègre, très curieux dans son costume de clergyman et sous son gibus.

Washington est le paradis des nègres. Le gouvernement les traite avec déférence, sans beaucoup de succès, je dois l'avouer ; car, même ici, on trouverait difficilement un Américain qui consentirait à s'asseoir à la même table qu'un nègre.

On se souvient de l'émotion produite dans le pays par l'accueil honorable que fit, il y a quelques années, le Président Roosevelt au nègre Booker T. Washington. Ce nègre est pourtant l'un des hommes les plus marquants des Etats-Unis par son intelligence, sa haute culture, son éloquence, et la dignité de sa vie. Si la race nègre doit sortir de son état actuel d'infériorité, il est l'homme marqué pour la conduire à l'émancipation. Roosevelt en eût fait un ministre, s'il n'avait dû compter avec l'opinion publique.

Le problème est encore loin de sa solution, et les amis eux-mêmes de Booker Washington, craignant un soulèvement de l'opinion qui eût été très préjudiciable à leur cause, durent lui conseiller de mettre une sourdine aux airs de triomphe que son voyage dans le Nord semblait prendre. L'œuvre de relèvement continue lentement.

Dans le Sud des Etats-Unis, les nègres ont de grandes écoles, des Universités, et ils s'efforcent de faire tomber la barrière, infranchissable jusqu'ici, qui les sépare des blancs.

Deux doctrines sont en présence : celle de Booker Washington, qui dit à ses frères : « Enrichissez-vous, c'est par la puissance de l'argent que vous vous imposerez. Le jour où vous aurez conquis la fortune, quand on vous verra à la tête des grandes affaires, de la grande industrie, les blancs compteront avec vous. » L'autre école se réclame de principes plus nobles : elle demande aux gens de couleur de s'élever par la culture intellectuelle et les vertus morales. Que, dans cette Amérique, tout entière vouée au culte du veau d'or, ils soient les plus instruits et les meilleurs !

Par ces deux routes, le peuple noir arrivera sans doute au succès qu'il rêve, mais le chemin paraît très long, et les difficultés à vaincre, difficultés inhérentes à la race elle-même, bien ardues. En tout cas, l'Eglise catholique est toute prête à seconder cette œuvre de rédemption.

Je m'aventure aussi dans le quartier chinois, des Chinois cossus, cette fois, à la tête de riches magasins, de gros bonzes, bien replets, et fumant une longue pipe. Ceux-là n'ont pas l'air minable, ni la démarche timide des Chinois de Montréal. Mais ils n'ont aucune ambition politique ou sociale. Ils sont inassimilables. Chinois ils sont, chinois ils resteront, avec leur mentalité, leurs mœurs et leur costume. Ils ne prendront de l'Amérique que sa langue..... et son argent. Ils ne voudront pas même lui confier leurs os.

Dans l'après-midi, nouvelle promenade en observation-car. Mais cette fois, on ne se contente pas de nous présenter les monuments, on nous les fait visiter. Et vraiment, si j'excepte le Capitole, ce n'est pas très intéressant.

Le monument de Washington, cette espèce d'obélisque, fait de blocs de marbre, posé à terre, sans socle, m'a paru d'un goût détestable. Il a 185 mètres de haut, 14 mètres de plus que les tours de Cologne, mais Washington ne doit pas en être plus fier pour cela. Les grands hommes de la Rome antique étaient mieux honorés. Les blocs de marbre sont pour la plupart des dons offerts par les corporations américaines ou les admirateurs du grand patriote.

On me raconte que le Pape Pie IX avait, lui aussi, offert un bloc, et ce présent avait été accepté. Mais entre la coupe et les lèvres..... L'offre avait été faite avant 1848, alors que Pie IX était l'idole des libéraux. Lorsque le marbre arriva à Washington, le ciel politique avait changé, et Pie IX passait pour le plus réactionnaire des Papes.

Aussi la plèbe de Washington s'opposa à la reception du marbre papal. On alla plus loin, on jeta le présent du Pape dans le Potomac, et il y est encore.

Successivement les touristes visitent la Maison Blanche, un palais très modeste, qui n'a d'intéressant que son locataire, mais M. Taft est absent. Puis le *Treasury*, où nous allons dévotement contempler les portes de fer derrière lesquelles sont entassés des centaines de millions de dollars en or.

Tout l'or américain est là, sans doute, car on n'en voit nulle part ailleurs. Si je n'en avais pas acheté à Paris avant de partir, je n'aurais pas vu une seule pièce d'or américaine. On ne voit pas non plus de dollars d'argent. La monnaie des Etats-Unis, et au Canada il en est de même, c'est le billet de banque. Ce n'est pas toujours très propre, car les billets d'un dollar passent dans beaucoup de mains et beaucoup de poches, mais c'est moins lourd que l'or ou l'argent.

Comme monnaie d'argent on ne voit guère que le *quarter*, le quart du dollar, et la pièce de 10 cents, ou la *dime*. Puis vient la pièce de 5 cents en nickel, et la petite pièce de 1 et 2 cents. Je n'ai pas eu l'occasion d'écouler mes pièces d'or ; je les ai changées au retour.

Au *Treasury* on voit aussi l'opération du lessivage et du broyage des billets hors d'usage. Avec cette pâte se fabriquent des souvenirs que l'ont vend aux touristes. En voyant leur petit bibelot, ils auront la consolation de penser qu'il y en a là pour des centaines de mille dollars. *Sic transit...*

La fabrique des billets n'est pas plus intéressante. Cela ressemble à tous les ateliers de lithographie ; et la vue des billets dont la valeur peut s'élever jusqu'à 50.000 dollars n'a rien de bien saisissant. Mais c'est dans le programme.

La tournée se termine par la visite au Capitole. C'est un monument grandiose, immense, très ambitieux ; cela a bien coûté près de 100 millions de francs. Sur cette colline, au milieu de ce parc de plus de 12 hectares, il semble dominer non seulement la grande République, mais le monde entier. Cependant il ne paraît pas que ce soit, comme architecture, un chef-d'œuvre. Il y a là certes des œuvres d'art admirables, comme les portes de bronze, qui rappellent celles du Baptistère de Florence, mais l'ensemble est plus colossal que majestueux.

Nous jetons un coup d'œil sur la salle du Sénat et celle des Députés, et nous nous arrêtons surtout dans cette rotonde qu'on pourrait appeler le panthéon américain. Ils ont réuni là les statues de leurs grands hommes. Il y en a de très obscurs, car chaque Etat a le droit de faire monter au Capitole ses deux enfants les plus illustres. Je m'arrête de préférence devant les statues des français que les Américains ont placés au nombre de leurs grands hommes, et je salue celle du P. Marquette, un prêtre, un Jésuite. Nos francs-maçons doivent s'en voiler la face, mais il est bien là, en soutane, voisinant avec Washington et Lafayette.

Rentré à Brookland, je me souviens que j'ai une introduction pour les PP. Maristes, et je vais frapper à la porte de leur scolasticat. Le P. Grimal, qui dirige cette maison, a été autrefois directeur au grand séminaire de Nevers ; deux de ses professeurs ont fait leurs études à Montluçon, où ils ont eu comme condisciples plusieurs de mes paroissiens ; je me trouve en pays connu, presque en terre française. Aussi l'accueil est-il très cordial. Je suis retenu à dîner : — « impossible de décliner l'invitation ; songez donc ! nous avons l'archevêque de la Nouvelle-Orléans, Mgr Blenk, c'est un personnage fort intéressant. »

Mgr Blenk est né en Allemagne, dans le

diocèse de Spire, d'une famille protestante. Passé tout enfant en Amérique, il se convertit au catholicisme et entra chez les Maristes. Il fit de très brillantes études en France, et, revenu en Louisiane, il occupait un poste ecclésiastique important, lorsque survinrent les événements de Cuba. Son Archevêque, Mgr Chapelle, qui l'avait distingué, le fit alors nommer évêque de Porto-Rico et, 7 ans après, il montait sur le siège de la Nouvelle-Orléans. L'an dernier, il est retourné dans son pays natal, pour la première fois depuis qu'il l'avait quitté, et il a pris plaisir à réunir autour de lui, dans un banquet intime, tous les membres de sa famille. Ils étaient très nombreux, et en raison de l'auréole qu'il a donnée à leur nom, ils lui ont pardonné sa conversion au catholicisme, mais tous sont restés protestants.

C'est un prélat jeune encore, d'une grande activité, et d'une éloquence entraînante. Les jeunes étudiants de Brookland ne se lassaient pas de l'entendre. Il arrive de Montréal et nous nous entretenons du projet à l'étude, de célébrer en Amérique l'un des prochains congrès eucharistiques. Il propose sa ville archiépiscopale. C'est en effet la seule grande ville catholique des Etats-Unis. On pourrait avoir là une démonstration religieuse capable de rivaliser avec Montréal. New York réclamera peut-être cet honneur, mais à New-York le Congrès passera inaperçu, et la procession ne pourra être qu'une parade. Et puis la Louisiane est encore une terre de langue française.

Je voudrais rester plus longtemps à Brookland. Le programme de ce Congrès national des « Charités catholiques » qui doit se tenir ici dans quelques jours est tentant. Les plus hautes autorités catholiques seront présentes, Mgr le Délégué Apostolique en tête. L'Archevêque de la Nouvelle-Orléans prononcera le sermon d'ouverture. Le Cardinal Gibbons présidera les assemblées générales. Le Chanoine Müller-Simoni, de Strasbourg, représentera l'association internationale pour la protection de la jeune fille, et ce sujet est particulièrement d'actualité en Amérique, où les jeunes émigrantes sont exposées à tant de dangers.

Il y a dans les grandes villes, à proximité du quai où débarquent les émigrants, des « homes » qui recueillent les jeunes filles et les femmes à leur arrivée : N.-D. du Rosaire, pour les Irlandaises ; Saint-Léon pour les Allemandes ; Jeanne d'Arc pour les Françaises ; Saint-Raphaël pour les Italiennes ; Saint-Joseph pour les Slaves ; mais devant l'audace éhontée de certaines pourvoyeuses et le prosélytisme ardent de quelques associations protestantes, ces refuges sont encore insuffisants.

Les congressistes seront très nombreux et représenteront les régions les plus diverses de l'Union. Tous les sujets qui intéressent la charité catholique y seront traités : l'éducation des enfants, leur placement, les colonies d'air pur, les œuvres de « probation », les garderies, les visites à domicile, l'hygiène du foyer, l'enseignement ménager, les dispensaires, la tuberculose parmi les pauvres, l'assistance légale, les œuvres de tempérance, la visite des prisons, la perversion religieuse des pauvres ; et j'en passe. Une bonne centaine de rapporteurs, dont beaucoup de dames, prendront la parole, et cet ensemble de travaux formera comme un tableau admirable des merveilles que la charité catholique a su enfanter aux Etats-Unis (1).

(1) Ces pages étaient écrites quand Mgr Shahan a eu la gracieuseté de m'envoyer le compte-rendu sommaire des séances du Congrès. J'y ai trouvé l'allocution pleine de sympathie adressée par le Président des Etats-Unis aux congressistes, qui lui ont été présentés à la Maison Blanche, puis le sermon de l'Archevêque Blenk, qui considère le Congrès comme une

Mais il faut partir. A regret je prends congé de mes hôtes, sans oublier les bonnes sœurs Alsaciennes qui font le service de la maison. Grâce à l'accueil que j'ai reçu à Brookland, mon séjour à Washington m'a

suite aux éclatantes manifestations de Montréal en l'honneur du Dieu de charité.

Le Congrès a été ouvert solennellement au Théâtre National de Washington par un discours plein de bon sens et d'esprit du Cardinal Gibbons. C'est une illusion, a-t-il dit en substance, de croire que l'accroissement de la richesse fait reculer la pauvreté. La pauvreté est à la richesse comme l'ombre au soleil. Et pour la combattre, seule la religion est efficace ; 97 0/0 des aumônes confiées à la bienfaisance officielle restent entre les mains de l'Administration. Il a classé les pauvres d'une façon originale : les pauvres du Bon Dieu, les pauvres du diable, et les pauvres diables.

Des observations fort intéressantes ont été faites par les juges des *Juvenile Courts*. Le Juge O'Doherty, de Louisville, a parlé des méfaits de la philanthropie sans Dieu, et il a montré que l'histoire de la civilisation se confond avec l'histoire de la charité religieuse.

Le Juge Girten, de Chicago, a développé cette thèse, que le seul remède à la criminalité, c'est la correction préventive. Ce ne sont pas les lois ni les châtiments qui rendent l'homme meilleur, c'est l'éducation.

laissé tout un monde de souvenirs. Ces deux jours pourront compter parmi les plus intéressants de mon voyage.

Je rentre maintenant à New York. A la gare de Washington je trouve le groupe hollando-belge des congressistes ; sous la conduite d'un agent de la Compagnie Cook, ils sont allés à Chicago ; ils reviennent de Mont Vernon, l'humble demeure où vécut et mourut Georges Washington. Ils ont vu

Fouetter un enfant, cela ne fait de mal qu'à l'enfant, mais épargner le fouet, c'est faire du mal à toute une famille et à la société. Toute maison de correction qui ne rend pas ses pensionnaires meilleurs est un fléau.

On pense généralement que la principale cause de la pauvreté, c'est l'ivrognerie. Au surplus, le Congrès est d'avis que la meilleure charité est encore celle qui améliore les conditions sociales du peuple.

Les orateurs ont rendu un hommage éclatant à la Société de Saint-Vincent de Paul. La Conférence idéale, a dit l'un d'eux, est celle qui comprend : un avocat, deux ou trois médecins et, pour le reste, des *teatotallers*.

beaucoup de villes, de nombreux monuments, des usines colossales, tout ce qu'un touriste peut voir du haut des *sight seeing cars*. Demain ils prendront le bateau allemand qui les débarquera à Anvers.

CHAPITRE XI

RETOUR EN FRANCE

Retour au Bon-Pasteur — Les adieux. — Encore « La Lorraine ». — Les passagers. — Mrs Storer et M. Roosevelt. — Un chapeau de cardinal. — La traversée. — Conférences. — Mes voisins. — La tempête. — L'arrivée. — « Deo gratias » !

J'ai retrouvé au Bon-Pasteur de New York le *welcome* fraternel qui m'avait accueilli à mon arrivée en Amérique. Maintenant il me faut songer au départ. Quelques dernières courses en ville, une rapide visite au Musée, pour y admirer quelques chefs-d'œuvre de l'art français qu'on ne trouve qu'ici, une apparition dans les bureaux de la Compagnie transatlantique pour retirer mon billet de passage jusqu'à Paris..... Il me semble que l'ennui me gagnerait si je restais en Amérique plus longtemps.

Je ne trouve pas de termes pour dire ma reconnaissance aux bonnes Religieuses et à leur saint aumônier. Elles m'ont traité comme si elles avaient quelque obligation envers moi. Avant de partir, j'ai dû, sur les instances de la Révérende Mère Prieure, adresser la parole à la Communauté réunie. Elles m'ont offert le beau volume qui raconte l'histoire très édifiante de leur monastère depuis sa fondation, mais je n'aurai pas besoin de ce souvenir pour me rappeler leur hospitalité généreuse, leur œuvre admirable, et cette chapelle si pieuse où, servi par deux *choir boys* en soutanes d'une blancheur immaculée et en *cotte* de dentelles, j'ai célébré le Saint-Sacrifice.

C'est « La Lorraine » qui me ramènera en France. Je ne l'ai pas cherché et peut-être, pour voir quelque chose de nouveau, aurais-je préféré un autre bateau. Au moins me trouverai-je ici sur un terrain connu. En arrivant au quai, je rencontre le groupe des Congressistes français qui ont fait le voyage par l'*Empress of Ireland.* Chacun s'installe dans sa cabine, et, à l'heure fixée, le paquebot s'ébranle. Il fait un soleil merveilleux, et sur le pont on ne se lasse pas de contempler dans cet immense port de New York, la ville colossale qui s'éloigne peu à peu, pendant que les amis qui nous ont accompagnés et qui sont massés là-bas sur le quai de la *French Line,* nous envoient leurs derniers saluts.

Les passagers sont moins nombreux qu'il y a un mois. Mais cette fois, les Français sont la majorité. Nous avons l'évêque d'Orléans, Mgr Odelin, les PP. Assomptionnistes, la délégation de la Jeunesse catholique française, avec son président, M. Gerlier; il y a là surtout mes amis berrichons, que j'ai perdus de vue pendant tout le voyage, et avec lesquels je serai heureux de passer ces quelques jours. Je fais même la connaissance d'un viticulteur du Sancerrois qui vient de séjourner 6 mois au Manitoba pour affaires. Sans savoir un mot d'anglais, seul, sans guide, il a traversé le nord des Etats-Unis, et dans l'immense New York, il s'est *débrouillé*, sans commettre une méprise.

En montant sur le bateau j'ai acheté le journal qui vient de paraître. Sauf l'*Atlantique* qui nous sera servi à bord tous les soirs, nous n'en lirons plus de toute une semaine. Celui-ci est le *New York Herald*, et sa première page est aujourd'hui pleine d'intérêt.

En ce moment la fièvre électorale sévit en Amérique ; démocrates et républicains s'agitent furieusement, et le grand agitateur, personne ne s'en étonnera, c'est l'ex-président Roosevelt. Dans le cas présent, il fait campagne pour les autres, mais ce désintéressement ne trompe personne ; tout le monde est convaincu qu'il prépare sa candidature à une nouvelle présidence. Or, il se trouve qu'une Française, mariée à un diplomate américain, Mme Bellamy-Storer, a un compte à régler avec Roosevelt, et c'est précisément ce règlement de comptes que publie le *New York Herald*.

Il y a 7 ans, M. Storer, étant ambassadeur à Vienne, fut chargé par Roosevelt d'une mission aussi officieuse que délicate. Le Président désirait obtenir le chapeau de Cardinal pour son ami l'Archevêque de Saint-Paul, Mgr Ireland, et M. Storer, qui est catholique, devait porter au nouveau Pape Pie X l'expression de ce désir. La mission fut remplie, mais il y eut sans doute quelque indiscrétion commise, une Agence raconta que M. Storer avait été reçu au Vatican en mission diplomatique. Roosevelt s'alarma, il démentit publiquement qu'il eût jamais donné un message de cette nature à Storer, et deux ans après, furieux de ce que le Saint-Père n'eût tenu aucun compte de sa recommandation, il écrivit une lettre insolente à Mme Storer et brisa la carrière de son mari.

Aujourd'hui Mme Storer se venge ; elle publie des lettres de Mgr Ireland qui confirment de la manière la plus explicite l'existence de cette mission confidentielle que Roosevelt avait démentie, et elle ajoute : « Il est temps que le monde, en Europe comme en Amérique, sache quelle sorte d'homme est Théodore Roosevelt, et ce que valent ses *vociférations* d'honnêteté et de franchise. »

Ce qui nous intéresse ce n'est pas la querelle personnelle entre Roosevelt et les Storer, mais le jour que jettent ces révélations sur la récente incartade de l'ex-Président à Rome. Quant au chapeau cardinalice, un avenir prochain nous dira si la candidature de Mgr Ireland a été prise en considération. Ce qui est sûr, c'est que la recommandation de Roosevelt n'y aura été pour rien. Il y a quelques jours, l'étoile de l'Archevêque de Saint-Paul semblait pâlir ; les agences donnaient les noms de trois futurs cardinaux américains, et le sien ne figurait pas sur cette liste, mais c'était sans doute quelque *american news*.

Les traversées se suivent... et se ressemblent à peu près. On se fait à tout, heureusement, mais il me semble que faire ce voyage comme le personnel du navire, trois fois par mois, 36 fois par an, cela doit être d'une monotonie désespérante. Il est vrai que les passagers changent à chaque voyage, mais ce sont toujours les mêmes distractions, les mêmes jeux, les mêmes concerts, les mêmes projections lumineuses, et sûrement les mêmes conversations. Les événements sont rares, et quand il y en a on ne le sait pas toujours. Cette fois il paraît bien que nous avons eu un décès parmi les passagers de 3e classe ; mais il y a eu défense absolue d'ébruiter ce malheur, et si le corps du défunt a été immergé, personne ne l'a su.

Les Congressistes rompent la monotonie du bord grâce aux messes qui se célèbrent nombreuses chaque matin, et aussi grâce aux conférences qui réunissent l'après-midi, dans la salle à manger, des centaines d'auditeurs. De Mgr Touchet, en dehors de sa conférence sur les étapes de la Béatification de Jeanne d'Arc, nous avons eu, à la messe du dimanche, une belle allocution. Ce vaisseau, qui nous emporte vers la Patrie, quelle image saisissante de la vie qui doit nous conduire aussi à la Patrie du Ciel !

Le soir, nous avons eu le salut du Saint-Sacrement, précédé d'un discours éloquent d'un orateur parisien. Les autres conférenciers, parmi lesquels je citerai M. l'abbé Thellier de Poncheville et M. Pierre Gerlier, ont aussi charmé quelques-unes des longues heures du voyage. Le soir, tout le monde chante, et l'orchestre accompagne l'hymne « à l'Etendard ». Les Américains me demandent si c'est là notre hymne national. — « Pas encore ! » et je leur parle de Jeanne d'Arc, — de notre culte pour la grande héroïne française.

A table, le sort m'a placé près d'un marchand de Chicago déjà vieux, qui, accompagné de sa femme, va à Nogent-le-Rotrou, acheter des chevaux. Ils ont déjà fait plusieurs fois ce voyage, sans avoir appris un mot de français, pas même pour demander du pain. Il faut voir avec quel accent de conviction mon voisin me dit, en tournant les yeux vers moi : *No horse in the world like the percheron !* Pas de cheval au monde comme le percheron. Et ce mot : percheron, il le prononce si drôlement ! Il achetera 50 chevaux, qu'il payera en moyenne 200 dollars ; le transport de chaque cheval du Havre à New-York lui coûtera 20 dollars ; il les revendra 5 à 600 dollars. Je soupçonne M. et Mme Coleman — c'est le nom de mes marchands de chevaux — d'être juifs, ce qui ne les empêche pas d'être pleins d'attentions pour moi.

Quant à mon commensal d'en face, un jeune homme qui va à Tarare pour acheter des tissus, j'en suis sûr. Je l'avais deviné à son type et à son accent, et un soir, que je me promenais avec lui, répondant à des questions qu'il me posait sur des matières religieuses, je lui demandai : « Et vous, à quelle dénomination appartenez-vous ? » Il hésita un moment, puis : — « Bien, je suis *jewish*. » — J'ai admiré cette nuance. Il ne me dit pas : je suis un juif, j'aurais pu le confondre avec les juifs du ghetto de New York, il emploie l'adjectif; il est de religion juive. C'est comme en France : quand un juif est arrivé à la fortune, il n'est plus juif, il est israélite.

Mon voisin m'explique d'ailleurs que chez lui, dans la famille comme à l'église, l'hébreu est inconnu, on ne parle que l'anglais. Et puis, il fait partie d'une société très honorable : les *Elkes*, les *Elans*, une sorte de société secrète bien supérieure à la franc-maçonnerie, et où n'entre pas qui veut. Ils font construire à New York un véritable palais, qui sera un des plus beaux cercles de la ville. Comme opinion politique il est républicain, et il tient en piètre estime les démocrates. C'est, dit-il, le parti des gens qui n'arrivent au pouvoir que par la corruption, et qui cherchent à s'enrichir aux dépens de l'Etat. Pourtant leur candidat, M. Bryan, est un très honnête homme, estimé de toute l'Amérique. Seulement Mme Bryan est catholique, et les protestants sectaires ne voudraient pas voir trôner à la « Maison Blanche » une Présidente catholique.

Aujourd'hui, 24 septembre, nous fêtons N.-D. de la Merci. La Merci ! voilà un vieux mot que les Anglais ont conservé : *Have mercy* : Ayez pitié ! Pendant tout ce voyage la Sainte Vierge a été pour moi vraiment Notre-Dame de la Merci ; depuis notre départ de New York, la mer a été douce, paisible.... — « Ne verrons-nous pas une tempête? » demandent de jeunes imprudents. — Il semble que leurs vœux vont être exaucés. A partir du quatrième jour, la mer s'agite, devient houleuse, le vaisseau est ballotté en tous sens ; nous aurons connu la mauvaise mer. Il n'y a pas de potion qui tienne contre les flots déchaînés. Seul le jeu d'échecs, ou encore un travail absorbant, nous feront oublier les nausées et les insomnies.

Mais voici qu'un soir, un cri de joie éclate. Les Scilly sont en vue, le bateau-pilote se dirige vers nous, nous entrons dans la Manche. Il nous faut encore 12 à 15 heures pour aborder au Havre; la tempête nous a fait perdre du temps, et nous arriverons à marée basse; « La Lorraine » devra s'arrêter en rade; c'est un transbordeur qui, par la pluie, nous conduira au port. Seulement le transbordeur nous apporte le courrier de France, la bienvenue des amis.

Puis, voilà les journaux, sur lesquels tout le monde se précipite. Cela va nous changer un peu de ce que nous avons vu depuis six semaines. Leur lecture suffirait à nous rappeler que nous avons laissé loin derrière nous la « Liberté éclairant le monde ». Pour ne pas en perdre l'habitude, la Maçonnerie au pouvoir, dans un Congrès qu'elle tient à Rouen, étudie de nouvelles mesures destinées à opprimer davantage l'Église catholique, et quelque sous-ministre, pérorant en Bretagne, vient d'insulter le Christ, qu'il a traité de grand vagabond. Doux pays ! Nous sommes bien chez nous.

Après les formalités trop lentement expédiées de la Douane, le train transatlantique est là, prêt à nous emporter à toute vitesse vers Paris.

Ma première visite a été pour N.-D. des Victoires, où j'ai fait brûler un cierge d'action de grâces.

FIN

TABLE DES MATIÈRES

CHAPITRE IV

UNE COLONIE FRANÇAISE EN AMÉRIQUE

CHAPITRE V

LA NOUVELLE FRANCE

CHAPITRE VI

LE CONGRÈS DE MONTRÉAL

CHAPITRE X

A WASHINGTON

CHAPITRE XI

RETOUR EN FRANCE

Imprimerie Bussière. — Saint-Amand (Cher).

www.ingramcontent.com/pod-product-compliance
Ingram Content Group UK Ltd.
Pitfield, Milton Keynes, MK11 3LW, UK
UKHW012014240726
13965UKWH00002B/361

9 782013 577786